Julius Evola & René Guénon

POLÉMIQUE SUR LA MÉTAPHYSIQUE HINDOUE

Julius Evola & René Guénon
(1898-1974)   (1886-1951)

POLÉMIQUE SUR LA MÉTAPHYSIQUE HINDOUE

Polemica sulla metafisica indiana, Genova, Il Basilisco, 1987.

Traduit et publié par
Omnia Veritas Limited
OMNIA VERITAS®
www.omnia-veritas.com

© Omnia Veritas Ltd - 2024

Tous droits réservés. Aucune partie de cette œuvre ne peut être reproduite sous quelque forme que ce soit sans l'autorisation écrite préalable des détenteurs *des droits d'auteur*. La violation de ces droits peut constituer une infraction au droit d'auteur.

JULIUS EVOLA 13
L'HOMME ET SON DEVENIR SELON LE VEDÂNTA 13
RENÉ GUÉNON 32
SUR LA MÉTAPHYSIQUE HINDOUE. UNE RECTIFICATION NÉCESSAIRE 32
JULIUS EVOLA 39
ENDNOTE 39
JULIUS EVOLA 44
LES LIMITES DE LA RÉGULARITÉ INITIATIQUE 44
Les limites de la régularité initiatique 44
Schéma guénonien de régularité de l'initiative 45
Critique du schéma guénonien 47
Initiation et exemptions 51
Conditions actuelles pour l'initiation 58

JULIUS EVOLA 61
"LA DOCTRINE ARYENNE DE LA LUTTE ET DE LA VICTOIRE 61

JULIUS EVOLA 78
LIGNES DIRECTRICES 78
1. L'ILLUSION DU PROGRÈS 78
2. POLITIQUE ET MÉTAPOLITIQUE 80
3. L'ESPRIT LÉGIONNAIRE 81
4. POUR UNE NOUVELLE ARISTOCRATIE 83
5. LES LIENS DE LA DÉCADENCE 84
6. CONTRE LA PRIMAUTÉ DE L'ÉCONOMIE 88
7. L'IDÉE ORGANIQUE 91
8. LA PATRIE DE L'IDÉE 94
9. VISION DU MONDE ET MYTHES MODERNES 96
10. RÉALISME ET ANTI-BOURGEOISISME 98
11. VAINCRE L'ÉTAT LAÏC 99

JULIUS EVOLA 103
NOTES SUR LA "DIVINITÉ" DE LA MONTAGNE LA "DIVINITÉ" DE LA MONTAGNE 103
POUR UNE ONTOLOGIE DE LA TECHNOLOGIE 113
MAÎTRISE DE LA NATURE ET NATURE DE LA MAÎTRISE DANS LA PENSÉE DE JULIUS EVOLA 113

AUTRES LIVRES **129**

Notre contradicteur poursuivra sans doute en disant que "nos écrits ne sortent pas du monde des mots"[1] ; c'est plus qu'évident, par la force des choses, et on peut en dire autant de ceux qu'il écrit lui-même, mais il y a au moins une différence essentielle : bien qu'il puisse être persuadé du contraire, ses mots, pour ceux qui n'en comprennent pas le sens ultime, ne traduisent que l'attitude mentale d'un profane ; et nous le prions de croire que de notre part il ne s'agit pas d'une injure, mais seulement de l'expression technique d'un état de fait pur et simple"...

Par ces mots, fermes mais mesurés, René Guénon répondait à ceux qui, avec une bonne dose de présomption et une incompréhension assez profonde, avançaient des thèses "dialectiques" en dernière analyse semblables à celles que Julius Evola, auteur de l'essai suivant, a toujours soutenues avec obstination, même si c'était avec des arguments différents.

La curieuse position d'Evola par rapport aux doctrines traditionnelles magistralement (et providentiellement) exposées dans les œuvres de Guénon exigerait sans aucun doute, étant donné la diffusion particulière des textes évoliens dans notre pays, une analyse critique attentive et profonde afin de parvenir à la discrimination nécessaire entre les vues fortement individuelles de l'auteur et la pensée traditionnelle dans ses diverses expressions et formes. Sans pouvoir traiter ici de manière décisive une telle question, il nous semble néanmoins opportun de mettre en évidence la clé de voûte, en négatif, de tout le

---

[1] *"Initiation et réalisation spirituelle"*, Turin, Rivista di Studi Tradizionali, 1967.

système évolien : il s'agit du fait qu'Evola n'est jamais parvenu à un point de vue véritablement métaphysique et, par conséquent, exclusivement intellectuel.[2]

Bien que des termes tels que Principe, Métaphysique, Contemplation, etc. apparaissent dans la phraséologie d'Evola, l'impression d'un usage inapproprié et artificiel est claire, révélant que ces termes ne se voient pas attribuer leur véritable sens, alors qu'il est constant, dans les œuvres d'Evola, la référence, cette fois-ci claire et précise, à un dualisme clair et de fond, symptomatique d'une vision mutilée dangereusement adaptée à des conclusions déviantes et dévoyées, typiques des conceptions hétérodoxes. N'ayant pas dépassé les oppositions dans une synthèse principale, Evola fait ainsi preuve d'une absence de discernement et d'une déficience intellectuelle qui l'incite à s'arrêter à des visions partielles sur la base d'une procédure logique qui donne lieu à une subdivision successive en arguments antinomiques opposés.[3]

Il en résulte, comme on le voit, une série de dichotomies et d'oppositions rationnellement insolubles qui, selon Evola, démontreraient irréfutablement l'inconsistance gnoséologique

---

[2] Il est évident qu'un tel point de vue, si l'on peut s'exprimer ainsi, ne se fonde pas, comme c'est pourtant le cas des systèmes de pensée et de philosophie, sur une quelconque faculté d'ordre formel, mais sur l'évidence intuitive de la Réalité absolue que Guénon a appelée la "sensation d'éternité", bien que, si l'on veut être rigoureux, celle-ci ne corresponde pas exactement à l'intuition du Principe absolu, dépourvu d'"aspects" et transcendant à toute détermination.

[3] Même si l'on reconnaît une certaine purification doctrinale et terminologique d'Evola par rapport à ses positions de jeunesse, une certaine allergie congénitale et latente à la Métaphysique pure n'a jamais cessé d'exercer une sombre action que l'on pourrait qualifier de fermeture vers une certaine illumination spirituelle.

des doctrines les plus purement intellectuelles, par exemple le Vedanta, axiomatiquement ancrées dans des notions nébuleuses et irrémédiablement destinées à déboucher sur des cercles vicieux et des pseudo-solutions.

On remarque rapidement dans ces critiques fermées un usage très impropre de la logique de la part d'Evola ; il y a en effet deux manières très différentes de la considérer : la première, absolument traditionnelle, en fait une véritable science directement liée à des principes métaphysiques et exprimant, à sa manière particulière, un reflet de la Vérité supérieure et immuable ; la seconde, essentiellement moderne, la traite de manière philosophique, en s'efforçant de la rassembler ou de la rattacher à quelque conception systématique. Et c'est précisément cette deuxième façon de considérer la logique qui est en fait utilisée par Evola, qui ne voit pas d'objection à ce que, dans ses déductions spéciales, il s'appuie également sur des éléments déviants de doctrines parfaitement valables dans la sphère d'une forme traditionnelle particulière telle que l'hindouisme. Nous nous référons ici au tantrisme, présenté par Evola sous une forme plutôt excentrique et ambiguë, capable de générer des malentendus profonds, alimentés surtout par des oppositions fictives et inconciliables comme celle qui existerait entre deux des angles visuels de la Tradition hindoue : le tantrique, déjà mentionné, et le védantique, qui, loin d'être incompatibles, naissent de la même source et révèlent la même Réalité. Ce n'est pas le cas d'Evola, qui considère unilatéralement que seule la vision tantrique est exempte de défauts, sans se rendre compte que cette dernière ne fait qu'affronter et résoudre les problèmes en des termes différents, tout en en créant d'autres tout aussi épineux, dont, comme nous l'avons dit, Evola ne se rend malheureusement pas compte, malgré sa forme logique, en raison de son approche systématique presque obsessionnellement conditionnée par l'idée de la puissance ; Et que, malheureusement, cette attitude délétère n'a pas cessé de faire sentir ses effets dans toute la production évolienne, on peut facilement le déduire de l'attention prométhéenne qui émerge de façon incohérente dans son involution linguistique avec un accent héroïque, presque comme si le véritable égoïsme s'expliquait dans les actions "différenciées" d'un "individu absolu" pour le moins improbable.

Sur la base de ces malentendus, il n'est donc pas difficile de se convaincre que les affirmations d'Evola sont aussi claires et radicales qu'insuffisantes et inadaptées au sujet, compte tenu d'ailleurs, dans les détails, de certaines inexactitudes qui, jointes à un ton plutôt exalté, contribuent à accroître la perplexité de ceux qui les lisent, et d'admettre la thèse selon laquelle Evola n'adhère pas tant à la Vérité qu'à "sa" Vérité, surtout parce que c'est "la sienne" plutôt qu'en raison de la validité intrinsèque des thèses soutenues.

C'est pourquoi, lorsqu'Evola se réfère à la "grande tradition des sciences magiques et hermétiques, qui traitent pourtant de la puissance, de l'individuation et de la domination", on peut légitimement douter que nous ne soyons pas face à la "bonne voie" mais, au contraire, à une voie qui procède d'une direction diamétralement opposée, gonflant le Moi jusqu'à la démesure et provoquant cette ivresse magique si répandue dans la prose évolienne. Nous sommes loin de cette pauvreté spirituelle qui conduit à l'extinction du Moi et à la réalisation du Moi, dans la juste perspective que tout être, n'ayant pas en lui-même sa propre raison suffisante, comme c'est le cas de l'être humain, ne peut que se trouver dans une relation de subordination et de dépendance totales au Principe : et qu'est-ce que l'autonomisation du Moi sinon l'autonomisation d'une illusion et l'épaississement du voile qui l'obscurcit ?

Il n'y a pas de pire "péché" dans notre existence, mais cela, Evola semble ne pas l'avoir remarqué.

A. Z.

Julius Evola

L'HOMME ET SON DEVENIR SELON LE VEDÂNTA

L'intérêt croissant que manifeste aujourd'hui notre culture pour tout ce qui est oriental est un fait incontestable et ne peut s'expliquer comme une simple vague de mode exotique, mais doit être mis en relation avec quelque chose d'un peu plus profond. Cependant, sur la signification de ce fait, il reste un problème qui mérite d'être étudié beaucoup plus qu'il ne l'a été jusqu'à présent.

Au début, la coutume était de rejeter l'Orient avec un simple haussement d'épaules, du haut d'une suffisance fondée essentiellement sur les conquêtes de notre civilisation dans le domaine de la matière et de la discursivité abstraite. Mais loin de cette présomption frivole, quelqu'un a commencé à soupçonner que ces domaines n'étaient peut-être pas le dernier recours, et en regardant l'Orient avec une vision renouvelée, il a commencé à comprendre sa réalité spirituelle ; Et réalisant en même temps vers quels points critiques gravite l'ensemble de la civilisation européenne vantarde lorsqu'elle est poussée dans ses ultimes conséquences, il a commencé à se demander non seulement de reconnaître l'Orient, mais aussi de se demander s'il ne pourrait pas offrir quelque chose qui intégrerait la civilisation européenne elle-même afin de la conduire au-delà de la crise vers une positivité plus élevée.

Certains sont même tombés dans l'excès inverse, c'est-à-dire dans l'idée que l'Orient est comme l'ancre du salut ou la manne du ciel, que tout ce que nous avons fait, depuis les Grecs jusqu'à aujourd'hui, est une valeur négative, une déviation, une dégénérescence dont il importe avant tout de se sauver en la reconnaissant comme telle et en revenant à la conception traditionnelle, orientale, de la vie des fils prodigues.

Il est curieux de constater que beaucoup de ces personnes ont une incompréhension de l'Occident similaire à celle qu'elles ont de l'Orient. C'est-à-dire qu'ils ne voient que le côté le plus extérieur et le plus détérioré, voire falsifié, de l'Orient ; ce côté qui permet à tout ce qui est sérieux scientifique, discipline, volonté, conscience, d'être étouffé, de tomber dans les bras d'un vagabondage effréné et de se dissoudre dans des sentiments, des rêves et des paroles vides de sens. Or, de même qu'il faut condamner la suffisance matérialiste à l'égard de l'Orient, nous pensons qu'il faut faire de même - sinon plus - avec une telle attitude qui, pour cette seule raison, reflète la désintégration de certains éléments de notre civilisation.

Nous affirmons que si l'Orient représente une réalité spirituelle, il en est de même pour l'Occident ; qu'il s'agit donc de termes distincts et tous deux positifs, susceptibles, le cas échéant, d'une synthèse, mais non d'une réduction plate de l'un à l'autre. Par cette synthèse, nous ne voulons pas dire que seul l'Occident, ou l'Orient, doit l'emporter, car nous pensons qu'une telle synthèse, pour être féconde, doit prendre son caractère précisément dans l'esprit de la culture occidentale, qui est la puissance, l'impulsion à célébrer et à agir avec l'esprit sans nier le "monde" - le système des déterminations et des individuations - mais en l'aimant, en l'affirmant et en le dominant, et donc en le réalisant. C'est là le simple énoncé d'une thèse ; pour sa démonstration, nous renvoyons à l'ensemble de nos écrits, dont on peut dire qu'ils en sont le centre de gravité, et plus particulièrement à l'Essai sur l'idéalisme magique (Rome, 1925) et à la première section de L'homme comme puissance, qui est sur le point de paraître, déjà publiée dans les numéros 2, 3 et 4 de la revue Ultra. Nous ne voulons ici que prendre en considération l'œuvre d'un auteur français, René Guénon, et voir, à travers une analyse critique de ses thèses, ce que peut représenter pour nous l'un des plus grands systèmes indiens, le *Vedanta*.

Guénon a publié une série d'ouvrages que l'on peut diviser en deux groupes.[4] L'un comprend Le Théosophisme, Introduction générale aux doctrines hindoues et Orient et Occident ; le second, l'étude toute récente *L'homme et son devenir selon le Vedânta* (Ed. Bossard, Paris, 1925, 271 p.), qui en préfigure d'autres. Le premier groupe peut être qualifié de négatif, le second de positif, en ce sens que les premiers ouvrages ont pour but : a) de déblayer le terrain de toutes les déformations, incompréhensions et parodies dont la sagesse orientale a été l'objet de la part de certains courants occidentaux ; b) de critiquer en profondeur la civilisation occidentale et de montrer la crise et la ruine qui la rongent jusqu'à ce qu'elle adopte un ordre de valeurs tout à fait différent.

Dans la deuxième série, Guénon s'attache à exposer systématiquement la sagesse traditionnelle orientale, qu'il identifie absolument et précisément à un tel ordre de valeurs.

En ce qui concerne le premier point, on ne peut qu'adhérer au travail de purification et de démasquage de Guénon. Les compromis, les malentendus et les digressions comme ceux d'un certain "spiritualisme" anglais et ceux de l'anthroposophie steinerienne, ainsi que toutes les petites tonalités néo-mystiques, à la Rabindranath Tagore, Gandhi et consorts, ne seront jamais assez sévèrement combattus, et sont vraiment les pires obstacles à une véritable compréhension et intégration de l'Orient et de

---

[4] *L'homme et son devenir selon le Vedanta*, Omnia Veritas Ltd, www.omnia-veritas.com

l'Occident. Nous émettons cependant quelques réserves sur les moyens choisis par Guénon à cette fin, moyens plus ad hominem que démonstratifs (nous faisons référence au Théosophisme) puisqu'au lieu de s'attaquer aux doctrines et d'en montrer l'absurdité intrinsèque, il se contente de dévoiler les intrigues d'individus et d'associations, dont le manque éventuel de transparence sur l'essentiel est bien peu de chose. Au-delà, nous sommes d'accord avec Guénon sur l'exigence d'une connaissance métaphysique, et donc au niveau des traditions initiatiques. C'est un point sur lequel on ne saurait trop insister. Les Occidentaux ont l'habitude d'appeler "spirituel" ce qui n'est qu'une ébauche, un accessoire d'un état physique de l'existence. Ce qui compte le plus, malheureusement, c'est uniquement le rapport réel et concret aux choses et aux êtres, un rapport qui, pour les êtres humains, est quelque chose d'extrinsèque et de contingent à la perception physique et aux catégories spatio-temporelles qui la régissent.

Quant à tout ce qui est connaissance discursive, monde cardiaque, mental, moral, dévotionnel, etc. - tout cela est quelque chose qui se réfère à ce même état physique, et avec tous ses "plus haut" et "plus bas", "supérieur" et "inférieur", "divin" et "humain", "bien" et "mal", etc. cela ne le dépasse pas d'un pas, cela ne transforme en rien ce que métaphysiquement, dans l'ordre du concret absolu, l'homme est (mieux : le "je" est, en tant qu'homme). Le spirituel ne doit pas être un vain mot ; l'homme doit donc avoir la force de le comprendre, d'affronter globalement tout ce qu'il est, sent et pense, de l'écarter et d'avancer dans une transformation radicale du rapport selon lequel il est soit avec les choses, soit avec lui-même. Telle est la prise de conscience métaphysique qui a été la préoccupation constante de toute tradition ésotérique, dont les racines se confondent avec celles de l'histoire elle-même. Guénon réaffirme de telles exigences, et il faut s'en réjouir. Mais il le fait surtout en négatif, c'est-à-dire plus en fonction de ses idées sur ce que la métaphysique n'est pas qu'en fonction de ses idées sur ce que la métaphysique est. Certes, nous sommes ici sur un terrain incertain, car le langage de la vie matérielle et discursive ne permet guère d'exprimer adéquatement ce qui est propre à une telle métaphysique. Nous croyons donc pouvoir donner une indication approximative en disant que l'attitude de Guénon à l'égard de la métaphysique souffre d'une mentalité que l'on pourrait qualifier de rationaliste, et que nous expliquons comme suit : le présupposé du rationalisme (du rationalisme en tant que système philosophique, s'entend, et non dans son sens vulgaire, qui ne peut en aucun cas être lié à Guénon) est "l'objectivité idéale", c'est-à-dire la croyance en des lois existant par elles-mêmes, en des principes qui sont ce qu'ils sont, sans possibilité de convertibilité, fatalement et universellement, et au monde comme quelque chose dans lequel tout ce qui est contingence, tension, obscurité, arbitraire, indétermination, n'a pas de place, car tout est déjà réalisé et un ordre supérieur lie tous les éléments entre eux. Dans ce cosmos, le principe n'est pas la volonté et le pouvoir, mais la connaissance et la contemplation ; pas la maîtrise, mais l'identité. L'individu est comme une ombre illusoire et contradictoire s'il disparaît dans le tout. Dans cette racine profonde, les choses et les lois - sensibles ou non - sont elles-mêmes et non les autres ; elle est faite de pure contingence qui s'abstrait ou plutôt s'éteint dans quelque chose de purement idéal : l'intérieur se réalise ainsi selon son mode "apollinien" ou intellectuel, à partir duquel le principe du moi, au lieu de se réaffirmer dans une "entité de puissance", s'abolit. Bien entendu, il s'agit là d'expressions philosophiques qui ne peuvent valoir que comme des suggestions ; des suggestions dans lesquelles s'imprègne une certaine manière de se rapporter aux choses, dans un ordre qui est au-delà de tout ce qui est philosophique et mental.

Cela dit, l'erreur de Guénon consiste à croire qu'une telle attitude doit représenter l'instance ultime, que "métaphysique" et "intellectuel" (ce terme est utilisé par Guénon non pas dans son sens moderne mais, en un certain sens, dans le sens scolastique et néo-platonicien) sont des termes convertibles, ce qui est discutable. Guénon sait - et nous avec lui - que sa conception se rattache à toute une tradition de sagesse initiatique ; mais ce qu'il montre qu'il ignore, ou feint d'ignorer, c'est que cette tradition n'est pas la seule, qu'au-delà également de tout ce qui est expérience mondaine et savoir "profane" - à la tradition de la connaissance, de la contemplation et de l'union s'oppose la grande tradition des sciences magiques et hermétiques, qui est pourtant celle de la puissance, de l'individuation et de la domination. Ainsi, plutôt que de s'arroger le monopole de la sagesse initiatique comme il semble l'avoir fait, Guénon aurait intérêt à réfléchir un peu plus, car au-delà du profane et du naïf, il y a ceux qui peuvent poser certaines questions et l'inviter à une révision d'idées qui ne s'avéreraient peut-être pas trop simples. C'est un point important, car l'attitude particulière de Guénon à l'égard du spirituel ne peut manquer de révéler une ignorance totale de tout ce que l'Occident, par rapport à ce qui est proprement spirituel - ne serait-ce qu'en termes d'exigences et de tendances - a réalisé, et donc de la référence indiquée à l'Orient presque comme l'ancre de salut de celui qui n'a rien et qui demande tout. En effet, l'esprit occidental est spécifiquement caractérisé par la libre initiative, par l'affirmation, par la valeur de l'individualité, par une conception tragique de la vie, par une volonté de puissance et d'action, éléments qui, bien qu'ils puissent être le reflet sur le plan humain, extérieur, de la valeur supérieure, magique, se heurtent néanmoins à ceux qui désirent le monde universel, impersonnel et immobile de l'intellectualisme "métaphysique". Soulignons ceci : dans ses références à l'Orient lui-même, Guénon, consciemment ou non, est forcément partial. En effet, il se limite à la tradition védique, telle qu'elle s'est développée jusqu'aux *Upanishads* et au *Vedanta*, négligeant plusieurs autres écoles qui, pour lui être difficilement réductibles, n'en sont pas moins "métaphysiques". Nous n'indiquerons que le système du Tantra et les courants magiques et alchimiques du *Mahâyâna* et du Taoïsme, dans lesquels l'accent est mis précisément sur l'aspect "puissance", à partir duquel, au lieu de le contredire, il pourrait offrir à l'Occident la matière d'une réaffirmation plus haute. Guénon, en effet, n'ignore pas ces écoles, mais les considère comme "hétérodoxes", ce qui, pour lui, est un verdict explicite de condamnation ; pour nous, cependant - laissons Guénon le dire - ce ne sont que des mots : il reste à savoir si une doctrine doit être appelée vraie et élevée parce qu'elle est traditionnelle, ou si elle doit être appelée traditionnelle parce qu'elle est vraie et élevée. Là encore, Guénon présuppose des faits et des évidences, qui restent cependant parfaitement non concluants - tendance dogmatique et autoritaire qui se reflète partout dans ses écrits, par ailleurs fort appréciables pour leur clarté et leur érudition. On voit donc dans quelle mesure le *Vedanta* - qui serait pour Guénon presque le système "métaphysique" par excellence - peut représenter quelque chose pour un Occidental qui n'est pas un dégénéré, c'est-à-dire qui n'a pas perdu en termes de conscience critique et d'esprit d'affirmation ce que la civilisation à laquelle il appartient a atteint, qui n'abandonne pas ses positions pour revenir en arrière, mais qui veut néanmoins les porter en avant. Mais d'abord une mise en garde s'impose. Nous avons souligné le caractère transcendant de la réalisation métaphysique et la difficulté de pouvoir en rendre compte à l'aide des catégories habituelles. Mais ce point - explicitement concédé par nous - ne doit pas devenir le refuge d'une errance débridée, dogmatique, arbitraire et subjective. C'est précisément ce que font certains "occultistes" dilettantes : ils ne se taisent pas dans le pur ineffable, ils parlent ; mais lorsqu'on leur demande de déterminer le sens de leurs expressions et de se rendre compte des difficultés qu'elles suscitent, ils font demi-tour et s'évaporent à nouveau dans la référence à une pure intuition intérieure, qui reste donc un fait brut qui ne rend pas compte de lui-même, qui s'impose un peu comme le goût de celui qui aime le fromage contre celui d'un autre qui préfère les fraises. Dès lors, soit on reste enfermé dans la sphère initiatique, dont les systèmes auto-vérificateurs et communicants ne peuvent, sauf exception, entrer dans l'horizon d'un "profane", soit on parle. Mais si l'on parle, il faut veiller à parler correctement, c'est-à-dire à rendre compte de ce que l'on dit, à respecter les exigences logiques qui sont ici aussi anodines que les exigences grammaticales, à montrer que l'objet de la réalisation métaphysique, même si ce n'est que par accident (dans sa "forme propre", dans la pure intériorité du Moi) apporte une satisfaction réelle à toutes ces exigences et à tous ces problèmes qui, dans la sphère purement humaine et discursive, sont destinés à rester purement en tant que tels. Il est en effet trop facile de résoudre les problèmes en ne les présentant pas, imitant ainsi l'autruche qui évite le danger en cachant sa tête sous son aile. Il faut au contraire tenir bon, affronter l'ennemi face à face et le frapper avec ses propres armes. Nous disons cela pour éviter que notre critique - voire notre travail en général - ne soit accusée d'avoir une portée purement philosophique. Ce n'est tout d'abord pas exact, car ce qui nous vient d'abord, c'est une certaine "réalisation", et seulement ensuite, comme une surcouche, un certain système logiquement intelligible. Mais même s'il en était ainsi, toute expression en tant que telle passe par l'épreuve ardente du logos ; et si elle part du suprarationel, tant mieux, car elle passera certainement cette épreuve, puisque ce qui est supérieur implique et contient de manière éminente ce qui est inférieur. Et nous espérons que Guénon est conscient que son livre sur le *Vedânta* n'est qu'un exposé philosophique. Il parle certes de quelque chose qui n'est pas précisément philosophique, mais il parle (et ce n'est pas sa faute, car il n'y a pas d'autre possibilité, à moins de recourir aux symboles) philosophiquement, c'est-à-dire qu'il s'efforce de présenter quelque chose d'intelligible et de justifié. Si donc, en nous attachant à cet aspect de la question, nous démontrons la relativité de cette intelligibilité et de cette justification, lui, de son côté, ne peut pas reculer et se défausser en se référant à une validité traditionnelle métaphysique supérieure, à l'égard de laquelle d'ailleurs, et sur le même terrain, nous saurons réaffirmer notre adhésion ; nos critiques philosophiques ne sont que des servantes obéissantes. Que dit donc la *Vedântâ* du monde, de l'homme et de son devenir ?

En premier lieu, il y a la présupposition optimiste qu'il y a un Dieu, c'est-à-dire que le tout contingent et phénoménal des choses n'est pas la première chose, mais seulement l'aspect accidentel d'un tout qui, actuellement, est déjà parfait et compris dans un principe supérieur. Qu'il s'agisse là d'un simple présupposé, et que Guénon accorde assez peu d'attention à la théorie hindoue de la connaissance, chacun peut s'en convaincre en sachant simplement que pour l'Hindou, tout n'est pas vrai, mais seulement dans la mesure où l'on en fait l'expérience. Dans notre cas, il n'y a pas de certitude de Dieu en dehors de l'expérience du Soi qui l'a pour contenu. Cependant, comme cette expérience n'est pas immédiate et générale, mais que, pour y parvenir, un certain processus est nécessaire, il n'y a pas d'arguments démonstratifs permettant d'affirmer que Dieu existe déjà (et donc que le processus est simplement re-cognitif) avant d'apparaître comme le résultat de ce processus qui a rendu divin quelque chose qui ne l'était pas. Poursuivons. De ce présupposé - Dieu ou Brahman - le monde serait la manifestation. Mais le concept de manifestation selon le *Vedânta* est très ambigu. En effet, le Brahman en manifestation est dit demeurer ce qui est immuable, inébranlable. Non seulement cela, mais la manifestation elle-même (et donc tout ce qui est particularité, individualité et devenir) est, par rapport à Lui, quelque chose de "rigoureusement nul". C'est une modification qui ne l'altère en rien. En Brahman, en présence éternelle et actuelle, se trouvent toutes les possibilités ; la manifestation n'est qu'un mode accidentel de certaines d'entre elles. Comment rendre intelligibles de telles proportions pourrait difficilement être démontré. Note : l'échappatoire du catholique ex nihil n'est pas valable ici, où le nihil est transformé en un principe distinct et positif, à partir duquel les créatures seraient matérialisées pour exister et en même temps (en tant que faites de "rien", de "privation") pour ne pas exister. Or, le brahman n'a rien en dehors de lui, et surtout pas le "néant". Les choses sont ses modifications : comment peut-on donc dire qu'elles ne sont pas ? A ce propos : si le Brahman est la synthèse absolue de tout, quelle place y a-t-il pour un mode contingent de le considérer ? comment est-il possible qu'un tel mode, une telle occultation du Brahman, puisse surgir ? comment est-il possible de ne pas remarquer que la phrase n'a de sens qu'en présupposant l'existence d'un principe autre que le Brahman, capable précisément de l'inclure de manière relative et accidentelle, ce qui va à l'encontre de la prémisse principale ? Guénon dit (p. 30-31) : "métaphysiquement, la manifestation ne peut être considérée que dans sa dépendance du principe suprême et comme un simple support pour s'élever à la connaissance transcendante". Nous demandons : qui est celui qui s'élève à une telle connaissance ? Ou bien c'est Brahman lui-même, et alors il faut comprendre, avec Eckhart, Scot Érigène, Hegel, Schelling et tant d'autres, que le monde est le processus autocognitif même de l'Absolu - mais alors il a une valeur et une réalité, et avant d'être un fantôme devant la synthèse éternelle préexistante il est l'acte même par lequel cette synthèse se donne - ou bien il est "autre" devant Brahman, ce qui revient à faire de Brahman quelque chose de relatif, "un parmi deux", à l'encontre de l'hypothèse envisagée. Il ajoute : "immuable dans sa propre nature, le Brahman ne développe que les possibilités indéfinies qu'il porte en lui, par le passage de la puissance à l'acte... et cela sans que sa permanence essentielle en soit affectée, précisément parce que ce passage n'est que relatif, et que ce développement n'est développement que dans la mesure où il est considéré du côté de la manifestation, en dehors de laquelle il ne peut être question d'une quelconque succession, mais seulement d'une parfaite simultanéité" (p. 36). La difficulté est la même : tout irait bien s'il y avait moyen de faire comprendre comment peut exister un point de vue distinct de l'Absolu et coexistant avec lui. Mais si cela n'est pas possible, la succession, le déroulement et le reste ne peuvent être qualifiés d'accidentels et d'illusoires, mais d'absolument réels. Le seul refuge serait le créationnisme comme la *projectio per iatum* dei des théologiens catholiques, c'est-à-dire la possibilité divine de séparer d'elle-même des centres de conscience distincts, qui peuvent ainsi voir de l'extérieur ce qu'Il inclut intérieurement de manière éternelle. Mais si l'on fait abstraction de l'incohérence logique d'une telle conception, il reste qu'elle est totalement inconnue de la sagesse hindoue.

Guénon multiplie les points de vue pour expliquer les antinomies et ne se rend pas compte qu'il s'agit d'une pseudo-solution, ou plutôt d'un cercle vicieux, à moins de partir d'un dualisme originel, c'est-à-dire du contraire même de ce à quoi l'on veut aboutir. Transposées à celles des différents points de vue, les oppositions non seulement subsistent, mais s'exaspèrent.

Guénon a raison de dire (p. 44) qu'on ne peut séparer la manifestation de son principe sans que ce dernier soit annulé - d'où le sens profond des doctrines *Vedânta* et *Mahayana* que les choses sont à la fois réelles (en référence à leur principe) et illusoires (si elles sont prises en elles-mêmes). Nous ne lui reprochons pas une telle séparation, mais celle du principe et de la manifestation. De là à dire que, si le monde ne peut être distingué de Brahman, Brahman peut être distingué du monde (en tant que cause libre), à dire que "toute la manifestation est rigoureusement nulle quant à son infinité", il y a un saut, qui consiste à introduire subrepticement une conception très douteuse de l'infini lui-même. C'est-à-dire : l'infini entendu comme indétermination, comme ce qui pour chaque déterminé ne peut signifier que la mort de lui-même. Pour nous, le véritable infini n'est pas tel, bien qu'il soit son hypostase abstraite, presque le caractère même de l'être ignorant et impuissant. Le véritable infini est la potestas, c'est-à-dire l'énergie d'être inconditionnellement ce que l'on désire. L'Absolu ne peut avoir, comme la pierre et la plante, une nature propre (et tel serait l'infini lui-même s'il était compris comme quelque chose de fatal, d'immuable, puis de passif par rapport à lui-même). Il est ce qui veut être ; et ce qui veut être est sans doute l'Absolu, l'Infini. En se manifestant, il est par conséquent le fini, l'individuel, etc. Ce n'est donc plus la mort et la contradiction de l'Infini (donc un non-être), un néant obscurcissant la plénitude (*omnis determinatio negatio est*), mais au contraire son acte, sa gloire, ce par quoi il témoigne et affirme en lui-même sa puissante liberté.

Un tel point de vue réapparaît dans une école orientale (que Guénon qualifie naturellement d'"hétérodoxe") : celle des çakti-tantra, qui adressent au *Vedânta* une critique dont la portée est indiscutable. Ce n'est qu'à condition de substituer aux notions nébuleuses et intellectuelles d'esprit (âtma) et d'Infini (Brahman) - la notion active et concrète de puissance (çakti), disent-ils - que les diverses difficultés inhérentes au concept de manifestation peuvent être résolues d'un point de vue non-dualiste. L'Absolu est puissance de manifestation, le monde est son acte : il est donc réel, avec une réalité suprême. Si, par contre, l'Absolu est compris comme une infinité réelle existant *ab aeterno*, quelle place reste-t-il pour la manifestation ? Guénon ne se rend-il pas compte de l'absurdité du concept de manifestation qui est un "développement" de certaines "possibilités" présentes dans le principe suprême ? En effet, soit on donne un sens au terme "développement", soit on ne lui en donne pas. Dans le premier cas, on aurait quelque chose qui est, en même temps et dans le même rapport, puissance et acte, ce qui est une contradiction dans les termes. [5]Telle est la "possibilité" dont il parle, puisque celle-ci, en tant qu'elle se réfère à la manifestation éventuelle, devrait être en puissance, mais dans la mesure où, par contre, il s'agit de la possibilité du principe suprême, ce n'est plus une possibilité mais une actualité, quelque chose de déjà "développé", car il n'y a rien dans le Brahman qui ne soit pas actuel . On remarquera que Guénon, dans son enthousiasme (on pourrait presque dire son fanatisme) pour l'Orient, voit la paille dans l'œil de son voisin, mais ne la trouve pas dans le sien : en effet, il adresse cette critique précisément à la conception de Leibnitz (qui, naturellement, n'est pour lui qu'une "philosophie profane") et ne se rend pas compte qu'elle s'enracine dans les racines mêmes du *Vedânta*.

La contradiction ne cesse donc que si l'on considère Brahman non plus comme une lumière intellectuelle éternelle,

---

[5] Note : la critique vise à éliminer la difficulté de ces aspects contradictoires présents dans la même chose en les renvoyant à deux points de vue différents.

mais comme une pure potentialité qui, dans le manifesté, a, non pas sa négation, mais son affirmation. Et la nécessité d'une telle conception s'infiltre souvent chez Guénon lui-même - où il parle d'une "volonté créatrice divine", d'un "principe causal suprême". Ainsi, il s'approche de la cohérence - mais, en même temps, il s'éloigne du *Vedânta* tel qu'il est vraiment. En effet, le *Vedânta* affirme explicitement que l'Absolu n'est ni cause ni activité, que la cause et l'activité ne résident pas en lui, mais dans la "mâyâ" inconsciente, d'où il découle que lorsqu'on lui attribue une fonction quelconque ("je cause, j'agis, je crée"), on est victime de l'illusion et de l'ignorance. La causalité, la création et tout ce qui est devenir et détermination ne relèvent pas, pour le *Vedânta*, de l'Absolu, qui est donc pure existence, indéterminée, dépourvue de tout attribut (*nirguna-Brahman*), mais de l'Absolu obscurci par *mâyâ* (*saguna-Brahman*), *mâyâ* étant un principe inexplicable et indéfinissable, un "datum" devant lequel il faut s'arrêter. [6]Et entre saguna-Brahman et *nirguna-Brahman*, il y a un fossé inépuisable : l'un est, l'autre n'est pas. C'est un concept auquel Guénon adhère d'ailleurs rigoureusement, réaffirmant ainsi la conception abstraite originelle de l'absolu et de l'universel.

L'originalité et, en même temps, le défaut d'origine du *Vedânta* réside précisément dans la séparation du principe d'une synthèse de ce qui est déjà synthétisé, séparation qui rend les deux termes contradictoires l'un par rapport à l'autre. Alors que dans un non-dualisme cohérent l'universel est l'acte qui comprend le particulier comme la puissance dont il est l'acte et par laquelle il se réalise, dans le *Vedânta* l'universel ne comprend pas mais exclut le particulier, puisque le premier ne peut

---

[6] Les tentatives de conciliation, tendant par exemple à concevoir l'immobilité de l'Absolu comme celle du "moteur immobile" aristotélicien, si elles trouvent un fondement dans d'autres écoles orientales, n'ont cependant pas pu être correctement données dans le Vedânta.

comprendre le second qu'en le niant dans une identité indéterminée, dans le simple éther de la conscience (cit-âkâça), une nuit - pour le dire en termes hégéliens - dans laquelle toutes les vaches sont noires.

On peut prévoir dès à présent qu'à l'approche d'une telle vision, toute signification de l'homme et de son devenir se dissout. L'individu, en tant que tel, appartient à la manifestation et n'est alors qu'un néant, une bagatelle ; c'est la seule conséquence rigoureuse de la prémisse. Il est inutile de nier la légitimité d'assumer l'individu pour soi et donc de dire que la distinction entre le moi et le brahman est une illusion propre au moi (p. 210), car c'est précisément le problème : cette illusion est réelle et il faudrait expliquer comment elle naît et comment l'impossibilité démontrée du dédoublement des points de vue est possible. Il est également inutile de diviser l'unité de la conscience en un "Si" (personnalité, "je" métaphysique) et un "je" (individualité, "je" empirique), car nous rencontrons les mêmes contradictions que celles mentionnées ci-dessus, provenant de la présupposition de l'hétérogénéité absolue entre universel et particulier, entre métaphysique et empirique. Entre ce "Si" et ce "Je", il ne peut y avoir d'union réelle (comme dans une doctrine de la puissance, où le "Si" serait la puissance dont le "Je" serait l'acte, ou, d'un autre point de vue, l'inverse), mais une composition extrinsèque, incompréhensible (confirmée d'ailleurs par la doctrine des "corps subtils" exposée par Guénon), analogue à celle de l'"essence" et de l'"existence" choisie par la scolastique ; et Guénon lui-même le confirme en disant que le passage de l'état manifesté à celui de Brahman (correspondant aux deux principes de l'homme) comporte un saut radical (p. 200).

L'incohérence d'une telle vision (qui, entre autres, en ce qui concerne le "salut" ou la "libération", devrait conduire de manière cohérente au mystère chrétien de la "grâce") du *Vedanta* a été démontrée de manière experte, précisément par le Tantra. Ils font le raisonnement suivant aux Védantins : "Vous dites que le vrai réel est seulement le Brahman immobile et sans attribut, et que le reste - l'ensemble des êtres conditionnés - n'est qu'illusion et mensonge. Car si vous êtes un être conditionné (et vous ne pouvez pas dire loyalement le contraire), vous êtes illusion et mensonge, et donc, a fortiori, tout ce que vous dites et même votre propre affirmation seront illusoires et faux, puisque seul Brahman est, et que le reste est illusion".

De plus, le concept même d'"être conditionné", par lequel Guénon définit l'homme et les autres "manifestations" qui lui sont semblables, conduit une fois de plus au dilemme déjà indiqué. En effet, soit on admet un principe distinct, capable de subir certaines conditions, contre un pouvoir conditionnant, mais cela est radicalement contraire à tout l'esprit du *Vedanta*, soit on nie la distinction, et alors le conditionné et le conditionnant deviennent une seule et même chose : Brahman, qui dans les différents êtres est à déterminer d'une manière ou d'une autre. Il n'y a donc rien de relatif et de dépendant, tout est au contraire absolu, tout est liberté. Et là encore, il n'y a pas de place pour la solution des points de vue. Parler d'un point de vue de la créature qui vit comme condition et dépendance ce qui n'est pas tel pour le Brahman n'a pas de sens : le point de vue ne peut être que le point de vue du Brahman. Et c'est Brahman qui, dans les différents êtres, se réjouit et s'afflige, et qui, dans les yogis, est prêt à se donner sa propre "libération". Tel est le point de vue des Tantra (et, avec eux, de tout l'immanentisme occidental), qui ne peut cependant pas être celui du *Vedanta*, précisément parce que, pour le *Vedanta*, l'Absolu en tant que cause immanente est illusion, et qu'entre lui et le relatif et le "manifesté", il y a une discontinuité, un saut radical. Le monde est donc un néant, l'homme est un néant, le devenir de l'homme est celui d'un néant qui se résout en néant. Quel est en effet le sens d'un tel développement selon le *Vedânta ?* une réabsorption de l'état d'existence concrète dans l'état d'existence subtile, puis de cet état dans le non-manifesté, où les conditions individuelles (lois, déterminations) sont enfin totalement annulées. Il ne s'agit donc pas - comme le dit Guénon lui-même (p. 175) - d'une "évolution" de l'individu, puisque la finalité étant "la réabsorption de l'individu dans l'état non-manifesté, du point de vue de l'individu il faudrait plutôt parler d'une "involution". Nous allons au contraire plus loin : concevant la manifestation comme l'acte de l'Absolu (rappelons toujours qu'il est impossible de dédoubler les points de vue), nous dirons qu'un tel devenir est véritablement une diminution de l'Absolu lui-même dans son acte, son repentir ; une régression, une dégénérescence, et non une progression.

Pour le reste, il est douteux que les idées de Guénon et du *Vedânta* sur ce point soient claires. En effet, à propos de la "réabsorption", ils parlent aussi d'une identification du Moi au Brahman, dans laquelle il n'est cependant nullement perdu (p. 233), et d'une "résolution" qui est trans-formatrice plutôt qu'annihilatrice, puisqu'elle a concouru à une expansion au-delà de toute limite et réalisé la plénitude des possibilités (p. 196-97) ; ambiguïté dans laquelle se reflète le conflit d'une donnée d'expérience qui est une donnée du Moi, une donnée du Moi, et qui n'est nullement perdue (p. 233). Cette ambiguïté reflète le conflit d'une donnée de l'expérience intérieure, spirituelle, valable en elle-même, qui n'a pas trouvé, pour s'exprimer, un corps logique adéquat, car elle est déformée par une conception limitée et extatique, telle qu'elle est propre à l'universalisme abstrait du *Vedânta*. Quoi qu'il en soit, la difficulté principale demeure : quelle que soit la direction, le devenir de l'homme a-t-il ou non une valeur, une valeur cosmique ? Bref, pourquoi devrais-je devenir, me transformer ? Là encore, il ne reste que la fuite des points de vue. Par rapport à l'infini, considéré comme existant actualiter et tota simul ab aeterno, comme rigoureusement identique à lui-même dans n'importe quel état ou forme, tout ce qui est le devenir des "êtres conditionnés" ne peut avoir aucune signification réelle ; il ne peut réaliser Brahman en plus, de même que son non-devenir ne pourrait le réaliser en moins. Brahman est et ne peut être qu'indifférent : que ce soit l'état d'une brute (paça), celui d'un héros (vîra) ou celui d'un dieu (deva), ils doivent être parfaitement la même chose pour Lui, et donc le progrès de l'un de ces états à l'autre, de Son point de vue, ne peut avoir aucun sens et aucune justification. Au contraire, à proprement parler, on ne peut parler de progrès et de retour, mais seulement de passage ; mais pas même cela, car le devenir lui-même est une illusion renvoyant à un point de vue autre que celui du Brahman.

Chacun voit les conséquences pratiques qui en découlent. Deux options s'offrent à nous : soit une contemplation passive et stupéfaite de la succession incompréhensible des états, soit une morale utilitariste. Utilitaire parce que le motif qui anime le développement et la transformation éventuels de l'homme ne saurait être lié à une valeur cosmique, au sens où le monde, Dieu lui-même, exige quelque chose qui n'existe pas, sauf pour le "moi", et qui ne pourrait être justifié que sur la base d'une utilité personnelle, de la commodité que des états particuliers de l'existence peuvent offrir à l'individu. Mais cela ne suffit pas. Du point de vue d'un védantisme cohérent, il en résulte un défaitisme moral tel qu'il n'est même pas capable de justifier une éthique utilitariste. En effet, le passage à travers une hiérarchie d'états vers le Brahman non-manifesté, qu'un être particulier peut atteindre à travers le long, ardu et austère processus d'amélioration de soi propre au Yoga, n'est qu'une sorte d'accélération de quelque chose qui viendra naturellement à tous les êtres, une "libération effective" au lieu d'une "libération différée", où tout se résume à une question de.... de patience. En fait, la vision du *Vedânta* est que le monde, issu d'états non manifestés, y replonge au bout d'une certaine période, et ce de manière récurrente. Au terme d'une telle période, tous les êtres, bon gré mal gré, seront donc libérés, "restaurés". D'où une nouvelle négation : non seulement il n'y a pas de justification réelle, supra-personnelle, à une telle évolution, mais la liberté elle-même est ainsi niée : les êtres sont finalement fatalement destinés à la "perfection" (nous croyons qu'il est permis de donner cet attribut, cette "relativité" au non-manifesté par rapport au manifesté, car nous ne sommes pas non-dualistes au point de ne pas faire la distinction entre lui et lui) ; Cette vision contraste avec beaucoup d'autres de la même sagesse hindoue - en particulier le bouddhisme - dans lesquelles, au contraire, un sens tragique de l'existence est très vivant, la conviction que si l'homme ne se fait pas le sauveur de lui-même, personne ne pourra jamais le sauver, que seule sa volonté peut le sauver du destin de génération et de corruption (*samsâra*) dans lequel il resterait sinon pour l'éternité.

Nous pensons qu'il n'est pas nécessaire d'en rajouter pour rendre compte du sens de ce que veut le *Vedânta*. Le fait est que ce n'est nullement ce que nous voulons. Et si un "profane" nous disait que, si telle est la "métaphysique" - le nihilisme de la réalité, des valeurs et de l'individualité - il ne saurait qu'en faire, ne lui suffisant pas et ne lui étant d'aucune utilité, nous, en effet, ne saurions comment lui ôter la raison. Certes, nous avons négligé certains des éléments positifs contenus dans le *Vedânta* (bien que les négatifs déjà rencontrés ne cessent pas de l'être), soit parce que ces éléments ne sont pas les plus spécifiques du *Vedânta*, mais sont communs à d'autres traditions ésotériques, et surtout à celles que nous avons appelées magiques, soit parce qu'il faut insister sur ce qu'il y a de négatif en Orient contre ceux qui, comme Guénon, ne veulent rien voir de positif en Occident. Précisons que cet auteur a la plus grande estime pour l'Orient, et qu'il a développé avec lui des liens beaucoup plus profonds qu'il n'y paraît à première vue. Mais il ne peut ni ne veut procéder de manière dogmatique : l'Orient comme l'Occident doivent être soumis à une critique qui sépare le positif du négatif. Ce n'est qu'après une telle séparation - en effet, dans un esprit libre de préjugés et de manies polémiques plus ou moins féminines - qu'il est possible de penser à une telle synthèse, qui est peut-être un problème de vie ou de mort pour l'une ou l'autre culture.

À cet égard, deux points nous semblent fondamentaux. La conscience rationnelle, le niveau purement logique et discursif - dans lequel se trouve le sommet de la civilisation occidentale - est dépassé. Mais ce qui est vraiment au-delà du concept, ce n'est pas le "sentiment", ni la morale, ni la dévotion, ni la contemplation, ni l'identification "intellectuelle". Ce qui est au-delà du concept, c'est sans aucun doute la puissance. Au-delà du philosophe et du scientifique, il n'y a pas le saint, l'artiste, le contemplatif, mais le magicien : le dominateur, le Seigneur. Deuxièmement : la conscience extravertie, perdue dans le monde matériel et qui en fait l'instance ultime, est transcendée. Mais cette transcendance ne doit pas consister en une ascèse, un détachement, une fuite de la réalité, une foi rêveuse dans le ciel et une immersion intellectuelle dans l'identité suprême : elle doit être, au contraire, une résolution immanente du monde en valeur, un esprit qui fait de la réalité l'expression même de la perfection de son actualité. La réalité du monde est reconnue, à vrai dire, comme celle du lieu même où d'un homme on tire un dieu et de la "terre" un "soleil".

Ces deux exigences trouvent leur meilleure expression dans deux maximes que nous ne tirons d'ailleurs pas - comme nous pourrions le faire - de la "philosophie intellectuelle profane", mais d'un système métaphysique oriental, celui du Tantra :

"Sans çakti (= pouvoir), la libération n'est qu'un simulacre".

"O dame de Kula ! Dans le *Kuladharma* (voie tantrique de la puissance), la jouissance devient la réalisation parfaite (yoga), le mal devient le bien et le monde lui-même devient le lieu de la libération".

René Guénon

SUR LA MÉTAPHYSIQUE HINDOUE.
UNE RECTIFICATION NÉCESSAIRE

Dans l'article paru dans ces mêmes pages (pp. 21-24 de 1925) sur notre livre sur le Vedanta (*L'homme et son devenir selon le Vedanta*, Bossard, Paris, 1925), J. Evola a commis un certain nombre d'erreurs assez singulières ; nous ne les aurions pas relevées s'il ne s'agissait que de nous, mais, et c'est plus grave, elles concernent l'interprétation de la doctrine elle-même que nous avons exposée, et il est donc impossible de les laisser passer sans les rectifier.

    Déjà auparavant, dans un article publié dans la revue Ultra (septembre 1925), Evola avait incidemment cru prendre contre nous la défense de la science occidentale actuelle, dont il reconnaissait pourtant, à certains égards, l'insuffisance, et nous avait en même temps traités de "rationalistes". [7]Ce malentendu, vérifié à propos d'un livre (*Orient et Occident*) dans lequel nous avions dénoncé le rationalisme comme l'une des principales erreurs modernes, est vraiment surprenant. Nous voyons maintenant que le reproche de "rationalisme" s'adresse au *Vedanta* lui-même ; il est vrai que ce mot est peut-être détourné de son sens véritable, et qu'en tout cas la définition qui en est

---

[7] *Orient et Occident*, Omnia Veritas Limited, www.omnia-veritas.com

donnée, en des termes visiblement empruntés à la philosophie allemande, est loin d'être claire. Elle est pourtant fort simple : le rationalisme est une théorie qui met la raison au-dessus de tout, qui prétend l'identifier soit à l'intelligence tout entière, soit au moins à la partie supérieure de l'intelligence, et qui, par conséquent, nie ou ignore tout ce qui dépasse la raison. Il s'agit là d'un type de conception propre à la philosophie, et donc spécifiquement moderne ; Descartes est le premier véritable représentant du rationalisme. Nous ne voyons pas qu'il puisse en être autrement, d'autant qu'Evola prend soin de préciser qu'il entend parler du "rationalisme en tant que système philosophique" ; mais le *Vedânta* n'a rien de commun avec un quelconque "système philosophique", et nous avons souvent remarqué que les étiquettes occidentales ne peuvent en aucun cas s'appliquer aux doctrines métaphysiques de l'Orient.

En effet, Evola est beaucoup plus près que nous d'admettre les prétentions du rationalisme, car il refuse de voir une différence entre la raison et ce que nous avons appelé l'intellectualité pure ; il montre ainsi simplement qu'il ignore entièrement ce qu'est cette dernière, bien qu'il affirme assez imprudemment le contraire. Si l'expression "intellectualité pure" lui déplaît, qu'il en propose une autre à sa place ; mais de quel droit allègue-t-il qu'elle signifie, dans l'usage que nous en faisons, autre chose que ce que nous avons voulu la désigner comme telle ? Nous continuons à soutenir que la connaissance métaphysique est essentiellement "supra-rationnelle", car soit elle est telle, soit elle ne l'est pas, et le seul résultat logique du rationalisme est la négation de la métaphysique. Voici, d'autre part, concernant le caractère de cette connaissance métaphysique, une autre erreur non moins déplorable, car, selon la doctrine hindoue, on parle de connaissance pure et de "contemplation". Evola imagine qu'il s'agit d'une attitude purement "passive", alors que c'est exactement le contraire. Une des différences fondamentales entre la voie métaphysique et la voie mystique est que la première est essentiellement active, alors que la seconde est essentiellement passive ; et cette différence est analogue, dans l'ordre psychologique, à la différence entre volonté et désir. Remarquons que nous disons analogue et non identique, d'abord parce qu'il s'agit de connaissance et non d'action (il ne faut pas confondre "action" et "activité"), ensuite parce que ce dont nous parlons est absolument en dehors du domaine de la psychologie, mais il n'en est pas moins certain que la volonté peut être considérée comme le moteur initial de la réalisation métaphysique, et le désir comme celui de la réalisation mystique. C'est d'ailleurs tout ce que l'on peut concéder au "volontarisme" d'Evola, dont l'attitude à cet égard n'est certainement pas métaphysique, ni, quoi qu'on en pense, initiatique. L'influence qu'ont exercée sur lui des philosophes allemands comme Schopenhauer et Nieztsche est tout à fait frappante, bien plus que celle du Tantra dans lequel il se blinde, mais qu'il ne semble pas comprendre mieux que le *Vedânta* et qu'il voit à peu près comme Schopenhauer voyait le bouddhisme, c'est-à-dire à travers des conceptions occidentales. La volonté, comme tout ce qui est humain, n'est qu'un moyen ; seule la connaissance est une fin en soi ; il s'agit bien sûr ici de la connaissance par excellence, au sens propre et complet du terme, connaissance "supra-individuelle", donc "non-humaine", selon l'expression hindoue, et impliquant l'identification avec ce qui est connu. [8]Sur ce point, le *Vedanta* et le Tantra, pour qui les comprend bien, sont en parfait accord ; il y a certes des différences entre eux, mais ils ne traitent en somme que des moyens de réalisation ; pourquoi Evola s'efforce-t-il de trouver une incompatibilité qui n'existe pas entre ces différents points de vue ? Il ferait bien de se reporter à ce que nous avons dit sur les darshanas et leurs relations dans notre *Introduction générale à l'étude des doctrines hindoues* . Chacun peut suivre la voie qui lui convient le mieux, celle qui est la plus adaptée à sa nature, car elles conduisent toutes à la même fin, et lorsque le domaine des

---

[8] *Introduction générale à l'étude des doctrines hindoues*, Omnia Veritas Ltd. www.omnia-veritas.com.

contingences individuelles est dépassé, les différences disparaissent.

Nous savons au moins, comme Evola, qu'il existe des traditions initiatiques semblables, qui sont précisément ces diverses voies auxquelles nous avons fait allusion ; mais elles ne diffèrent que par les formes extérieures, et leur fond est identiquement le même, car la Vérité est une. Nous parlons bien sûr des vraies traditions "orthodoxes", les seules qui nous intéressent ; cette notion d'orthodoxie n'a pas été comprise par notre contradicteur, bien que nous ayons pris soin de préciser en d'autres occasions dans quel sens il fallait l'entendre, et d'expliquer pourquoi, dans ce domaine, orthodoxie et vérité ne sont qu'une seule et même chose. Nous nous sommes étonnés de voir affirmer que, pour nous, Tantra, *Mahayana*... et Taoïsme sont "hétérodoxes", alors que nous avons déclaré le plus clairement possible que ce dernier représente, en Extrême-Orient, la métaphysique pure et intégrale ! Et, dans *L'homme et son devenir selon le Vêdânta*, nous avons également cité un assez grand nombre de textes taoïstes pour montrer leur parfaite concordance avec la doctrine hindoue ; Evola ne l'a-t-il pas remarqué ? Il est vrai que le taoïsme n'est ni "magique" ni alchimique, contrairement à ce qu'il suppose ; on se demande où il a pu se faire une idée aussi illusoire. Quant au *Mahayana*, il s'agit d'une transformation du bouddhisme par la réincorporation de certains éléments empruntés aux doctrines orthodoxes ; c'est ce que nous avons écrit contre le bouddhisme proprement dit, éminemment hétérodoxe et antimétaphysique. Enfin, en ce qui concerne le Tantra, il faut faire une distinction : il existe une multitude d'écoles tantriques, dont certaines sont en fait hétérodoxes, au moins partiellement, tandis que d'autres sont strictement orthodoxes. Jusqu'à aujourd'hui, nous n'avons jamais eu l'occasion de développer cette question du Tantra, mais Evola, pour le moins, ne saisit que très imparfaitement le sens de "*Shakti*". Sans doute n'a-t-il pas remarqué que nous affirmons assez souvent la supériorité du point de vue shivaïte sur le point de vue vishnouite, ce qui aurait pu lui ouvrir d'autres horizons.

Bien entendu, nous ne nous étendrons pas ici sur les critiques de détail, qui procèdent toutes de la même incompréhension ; nous sommes d'ailleurs très peu convaincus de l'utilité de certaines discussions par des procédés empruntés à la philosophie profane, et qui n'ont vraiment leur place qu'en elle. On sait depuis longtemps qu'il y a des choses qu'il ne faut pas discuter ; on doit se borner à exposer la doctrine telle qu'elle est, pour ceux qui sont capables de la comprendre, et c'est ce que nous nous proposons de faire de notre mieux. On ne doit jamais refuser à ceux qui cherchent vraiment la connaissance les éclaircissements qu'ils demandent, s'il est possible de les fournir et s'il ne s'agit pas de quelque chose d'absolument inexprimable ; mais si quelqu'un se présente avec une attitude de critique et de discussion, "les portes de la connaissance doivent lui être fermées" ; d'autre part, à quoi sert-il d'expliquer quelque chose à ceux qui ne veulent pas comprendre ? Nous voudrions inviter Evola à méditer sur ces quelques principes de conduite, communs à toutes les écoles véritablement initiatiques d'Orient et d'Occident. Nous nous limiterons à quelques exemples de malentendus manifestes : Evola parle de l'identification du Moi au Brahman, alors qu'il s'agit du Soi et non du Moi, et que si cette distinction fondamentale n'est pas saisie d'emblée, rien de ce qui suit ne peut l'être non plus. Il pense que le *Vedânta* considère le monde comme un "néant", suivant l'interprétation erronée des Occidentaux qui pensent traduire ainsi la théorie de l'"illusion", alors que cette réalité est relative et participative, par opposition à la réalité qui n'appartient à rien d'autre qu'au Principe Suprême. Il traduit "état subtil" par "corps subtil", alors que nous avons déjà fait remarquer que, contrairement aux conceptions illusoires des occultistes et des théosophes, il ne peut en aucun cas s'agir de "corps", et que, de plus, dans l'ensemble de la manifestation formelle ou individuelle, l'"état subtil" s'oppose précisément à l'"état corporel". Il confond aussi "salut" et "libération", alors que nous avons expliqué qu'il s'agit de deux choses essentiellement différentes et qu'elles ne se réfèrent nullement au même état d'être (p. 187 et 218 de notre ouvrage) ; et ce n'est pas tout : il écrit que pour le *Vedânta*, "au bout d'un certain temps, tous les êtres, de gré ou de force, seront libérés", alors que nous avons cité (p. 191) un texte qui le dit (p. 191), alors que nous avons cité (p. 191) un texte qui le dit (p. 191), que "au bout d'un certain temps, tous les êtres, de gré ou de force, seront libérés". 191) un texte qui dit le contraire de façon suffisamment explicite : "Dans la dissolution (pralaya) des mondes manifestés, l'être est plongé dans le sein du Brama Suprême ; mais, là aussi, il peut être uni à Brama de la même façon que dans le sommeil profond (c'est-à-dire en l'absence de la réalisation pleine et effective de l'Identité Suprême). Et, pour éviter tout malentendu, nous ajouterons une explication de la comparaison faite ici avec le sommeil profond, qui indique que dans ce cas il y a retour à un autre cycle de manifestation, d'où il découle que l'état d'être en question n'est pas en fait la "libération". Il faut bien dire qu'Evola, malgré son intention de parler de notre livre, ne l'a lu que très distraitement !

Pour parler franchement, nous dirons qu'il manque surtout à Evola une conscience claire de la distinction entre le point de vue initiatique et le point de vue profane ; s'il avait cette conscience, il ne les mélangerait pas constamment comme il le fait, et aucune philosophie n'aurait d'influence sur lui. Nous savons bien qu'il peut répondre, comme il le lui a déjà fait comprendre, qu'il ne prend le langage philosophique que comme un simple moyen d'expression ; il en est probablement sincèrement persuadé, mais cependant, pour notre compte, nous ne le croyons pas tout à fait. D'ailleurs, le simple fait de choisir, parmi tous les moyens d'expression possibles, le moins approprié, le plus inadéquat, le moins capable d'exprimer les choses dont il s'agit, parce que ces choses appartiennent à un ordre très différent de celui pour lequel elles sont spécialement faites, ce simple fait, disons-nous, témoigne d'un manque de discernement des plus déplorables. Le plus extraordinaire est qu'Evola affirme que notre livre sur le *Vedânta* "n'est rien d'autre qu'un exposé philosophique", et ajoute qu'il "s'attend à ce que nous en soyons conscients" (nous nous demandons ce qui peut lui importer) ; bien au contraire, nous le nions formellement, car rien ne pourrait être plus opposé à nos intentions, qu'après tout nous devrions connaître bien mieux que quiconque, que de parler "philosophiquement" de choses qui n'ont aucun rapport avec la philosophie ; et nous le répétons une fois de plus : aucune expression - verbale ou autre - n'a pour nous plus qu'une valeur exclusivement symbolique.

Nous avons toujours prétendu nous placer sur un terrain purement métaphysique et initiatique, et personne ne pourra nous en faire sortir, pas même les critiques formulées sur un autre terrain, qui, par là même, font nécessairement fausse route ; Evola ne doute pas que les questions ne se présentent pas en fait de la même manière pour lui et pour nous, et que certaines difficultés philosophiques qu'il soutient n'ont pas de sens métaphysique, car les termes mêmes dans lesquels elles s'expriment ne correspondent plus à rien quand on veut les transposer dans un ordre supérieur. Nous n'ajouterons qu'une dernière remarque : il n'appartient pas à Evola de dire que "nous aurions mieux fait de réfléchir un peu plus" sur certaines choses, car il n'a pas travaillé et réfléchi, comme nous, sur ces questions pendant plus de quinze ans avant de se décider à publier son premier livre. Il est très jeune, et c'est sans doute ce qui l'excuse ; il a encore beaucoup de choses à apprendre, mais il a du temps devant lui et il pourra peut-être les apprendre… à condition, bien sûr, de changer d'attitude et de ne pas s'imaginer qu'il sait déjà tout.

Julius Evola

ENDNOTE

À Guénon, nous notons, pour notre part, ce qui suit :

1) Qu'avant d'utiliser un mot, nous avons l'habitude de le définir. Or, nous avons défini comme rationaliste toute attitude qui "croit à des lois existant par elles-mêmes, à des principes qui sont ce qu'ils sont, incontestablement ; qui comprend le monde comme quelque chose où tout ce qui est contingence, tension, obscurité, arbitraire, indétermination, n'a pas de place". Dites-nous, Guénon, s'il pense autrement ou si, pensant autrement, il reste dans le domaine du *Vedânta* ; sinon, sa protestation reste creuse. Et que la réalisation métaphysique soit essentiellement supra-rationnelle (au sens totalement empirique de la raison utilisé par Guénon), il ne nous semble pas qu'elle puisse être plus résolument affirmée par celui qui, comme nous, a écrit pour n'arriver qu'"à celui qui a la force de prendre en bloc tout ce qui est, sent et pense ; de le prendre, et d'aller de l'avant".

2) Si Guénon entend par "réalisation intellectuelle" (avec laquelle il échange la métaphysique) "quelque chose d'essentiellement actif", reflétant en un certain sens le mode de la volonté, nous retirons certes la réserve faite à cet égard (en lui conseillant toutefois d'utiliser le terme d'"actualité pure") pour la réaffirmer cependant lorsqu'il parle d'une volonté qui n'a pas de finalité en elle-même, mais dans une connaissance. Et quant à "connaissance" signifiant aussi "identification à l'objet connu", pour notre part, au-delà, nous affirmons une valeur supérieure : la maîtrise de l'objet connu. Et s'il plaît à Guénon de croire que notre "volontarisme" n'a rien d'initiatique et de métaphysique (comme si le pouvoir dont nous parlons était la volonté musculaire des hommes !), qu'il le croie aussi ; nous ne pouvons rien faire puisque, comme il le dit lui-même, il n'y a pas moyen de faire comprendre à ceux qui ne veulent pas comprendre ; et comme il menace de "fermer les portes du savoir", nous fermons les portes de quelque chose que nous estimons bien plus que son savoir ou que tout autre.

3) Il ne s'agit pas, dans ces lignes, de traiter d'une rectification des différentes écoles orientales et de leur "orthodoxie" ; par exemple, le jugement d'hétérodoxie de Guénon ne se référait pas au *Mahayana* et au Taoïsme en soi, mais aux courants magiques et alchimiques de ces écoles que, si Guénon (comme il semble) ne connaît pas, nous pouvons lui faire connaître à tout moment. Nous soulignons seulement que Guénon n'a pas répondu à notre question fondamentale : est-ce qu'une doctrine est acceptée comme vraie simplement parce qu'elle est traditionnelle, ou est-ce qu'on laisse la valeur de la traditionalité de la vérité immanente être jugée par la doctrine ; le fait que Guénon s'entête dans un pur autoritarisme qui s'attribue le mérite de sauver l'unité des traditions initiatiques crée un cercle vicieux : il définit a priori comme non-initiatiques, profanes, philosophiques, etc. toutes les directions qui ne coïncident pas avec son goût ou sa conception. Quant à notre prétendue incompréhension de la sagesse hindoue, et surtout tantrique, nous en sommes suffisamment assurés par des personnes qui ont eu des rapports directs et intérieurs avec elle, car les insinuations que Guénon avance à dessein, très frivolement et sans la moindre preuve, nous laissent parfaitement impassibles.

4) Quant au rapport ou au mélange entre philosophie et ésotérisme, il faudrait demander à Guénon (et, avec lui, à ceux qui nous lisent) de relire ce que nous avons écrit dans l'essai en question, en le mettant en garde. Mais, là aussi, il n'y a pas pire sourd que celui qui ne veut pas entendre. Nous avons dit, par exemple, que le "caractère transcendant" de la réalisation métaphysique ne doit pas devenir le refuge d'une errance subjective débridée, dogmatique et arbitraire" ; nous avons parlé de "quelques bons esprits, dilettantes de l'occultisme" (attention à ceux qu'il touche !), qui "ne se taisent pas".), qui "ne se taisent pas dans le pur ineffable, mais parlent ; cependant, lorsqu'on leur demande de déterminer le sens de leurs expressions et de rendre compte des difficultés qu'elles soulèvent, ils font marche arrière, s'évaporant à nouveau dans la référence à une pure intuition intérieure, qui reste donc un fait brut qui ne rend pas compte de lui-même, qui s'impose donc un peu comme le goût de celui qui aime le fromage par rapport à celui d'un autre qui préfère les fraises" ; nous avons donc présenté le dilemme : "soit on reste enfermé dans le milieu initiatique, soit on prend la parole. Mais si l'on parle, il faut s'en tenir à parler correctement, c'est-à-dire à respecter les exigences logiques, à faire comprendre que l'objet de la réalisation métaphysique, ne serait-ce qu'accidentellement, donne une satisfaction réelle à toutes ces exigences et à tous ces problèmes qui, dans la sphère purement humaine et discursive, sont destinés à rester purement tels". Or, Guénon ne parle pas seulement, il écrit, et il s'adresse à tout un public, à toute une culture qu'il critique. Par conséquent, il ne peut pas revenir en arrière, il ne peut pas changer de sujet, il ne peut pas se soustraire aux conditions d'un tel champ. Ceci, en faisant abstraction de ce que l'on peut représenter dans un champ qui ne se réduit pas précisément à cela, et pour lequel on n'éprouve nullement le besoin de demander à Guénon une quelconque reconnaissance. Aux difficultés fondamentales objectivement mises en évidence par nous dans le *Vedânta* et dans l'exégèse qu'en fait Guénon, à la pseudo-solution des antinomies avec les points de vue, à l'absurdité de l'actualité transcendantale pure, de la théorie de la "moindre réalité" et de "l'être conditionné", du nihilisme de toute valeur, de tout sens dans la manifestation et dans le devenir, Guénon n'a pas répondu un seul mot mais, au contraire, a pensé conclure par des pseudo-rectifications extérieures et presque grammaticales, qui ne concernent pas du tout le cœur de l'argumentation, et a ensuite pris pour des "incompréhensions manifestes des éléments de la doctrine ce qui n'est que l'approfondissement critique qui ne peut certainement pas respecter la forme naïve et provisoire sous laquelle ils sont donnés" (en se référant à la distinction entre le "moi" et le "soi", à l'illusion comme "moindre réalité", à la subsistance d'êtres non-identifiés dans le pralaya, etc.)).

Nous pouvons d'ailleurs prendre note de la déclaration qu'il fait après que nous lui ayons explicitement dit que pour nous "philosophique" ne signifie pas quelque chose "qui se présente de manière intelligible et justifiée". Il s'agit donc d'une œuvre inintelligible et injustifiée par la déclaration explicite de son auteur. Cela nous laisse assez perplexes dans la mesure où, d'une part, l'auteur déclare qu'"après tout, il connaît mieux que quiconque ses propres intentions" et, d'autre part, nous serions certainement désolés (peut-être parce que, si nous croyons Guénon, nous n'avons pas lu attentivement le volume) de prononcer un tel jugement sur l'écriture de Guénon, pour laquelle nous le tenons en bien plus haute estime que, peut-être, il ne le suppose et ne croit nécessaire de lui rendre la pareille.

Nous sommes d'accord sur l'utilité limitée de certaines polémiques sur certaines questions, en particulier lorsque, au lieu de les éliminer, elles servent à ajouter au moins autant aux malentendus d'un côté qu'à ceux de l'autre. Bien entendu, nous avons encore beaucoup à apprendre, tout comme nous avons beaucoup à enseigner aux autres. Il s'ensuit que, si nous estimons que l'argument de celui qui nous reproche notre âge (sans rien savoir de précis cependant) n'est pas valable, nous pouvons répondre qu'il faut nous envier d'avoir le temps d'apprendre que l'âge avancé des autres, qui en ont au moins autant besoin, ne permet pas. Et, pour ce qui est de l'attitude, il est peut-être plus approprié de passer à celui qui éprouve le besoin de parler à tort et à travers, à la tribune d'un autoritarisme intolérant et dogmatique, certainement plus caractéristique d'un pasteur protestant que du savant sérieux en matière initiatique que, avec toutes les réserves qui s'imposent, nous continuons à reconnaître à Guénon.

Julius Evola

LES LIMITES DE LA RÉGULARITÉ INITIATIQUE.

Ce texte, d'une grande importance et à l'origine de la polémique entre Julius Evola et René Guenon, a été publié à l'origine dans "Introduction à la magie", une collection de fascicules publiée par le Groupe UR (Volume III, p. 160-175 de l'édition italienne), dont trois volumes ont été publiés à Rome en 1971 par l'éditeur Giovanni Canonico (et par la suite par les Edizioni Mediterranea en italien, les éditions Arché en français et, récemment, par les éditions Herakles en espagnol). Signé du pseudonyme EA, ce texte est sans aucun doute de Julius Evola, comme en témoigne le style inimitable, difficilement transposable dans une autre langue. La présente traduction correspond à l'édition italienne de 1971. La publication de ce texte a pour but de fournir à ceux qui s'intéressent au sujet traditionnel des outils suffisants pour l'analyse et l'évaluation du sujet. La question de la "régularité initiatique" est, sans aucun doute, le point le plus conflictuel de tout le corpus doctrinal guénonien et l'origine d'une bonne partie des conflits qu'il a subis. Que chacun juge les deux positions avec sérénité, modération et objectivité.

Les limites de la régularité initiatique

Parmi les rares écrivains d'Occident qui, non par l'érudition, mais par une connaissance effective, fondée sur un socle initiatique, ont contribué à une orientation et à une clarification dans le domaine des sciences ésotériques et de la spiritualité traditionnelle, René Guenon occupe une place de choix. D'une manière générale, nous recommandons l'étude des œuvres de

Guenon à ceux de nos lecteurs qui ne le connaissent pas, dans la mesure où elles sont uniques en leur genre et en leur valeur, et peuvent servir de complément à une grande partie de ce que nous avons présenté, du moins en ce qui concerne l'essentiel. En revanche, pour certains aspects particuliers, des réserves s'imposent de notre part, parce que l'approche de Guenon souffre souvent d'une ligne de pensée différente de celle qui est à la base de nos formulations, et aussi parce que l'approche de René Guenon est essentiellement théorique, alors que la nôtre, au contraire, est fondamentalement pratique. Il est donc utile d'examiner brièvement où en est la situation dans ce domaine, afin que ceux qui nous suivent puissent déterminer comment ils peuvent faire bon usage de ce que Guenon a exposé.

Quant aux divergences doctrinales, nous nous contenterons d'y faire allusion, sans nous y attarder. Nous ne partageons pas les vues de Guenon sur les rapports entre l'initiation royale et l'initiation sacerdotale, sur son schéma concernant les Petits et les Grands Mystères, et enfin sur la restriction du terme "Magie" auquel il donne un sens inférieur et péjoratif. Ces trois points sont d'ailleurs liés entre eux dans une certaine mesure. Mais ce que nous voulons traiter ici, c'est précisément le problème général de l'initiation.

Schéma guénonien de régularité de l'initiative

Le point de vue de Guenon est, en résumé, le suivant. L'initiation consiste dans le dépassement de la condition humaine et dans la réalisation des états supérieurs de l'être : chose impossible avec les seuls moyens de l'individu. Cela pouvait se produire aux origines et pour un type d'homme très différent de l'actuel ; mais aujourd'hui, au contraire, une intervention extérieure serait nécessaire, à savoir la transmission d'une "influence spirituelle" chez l'aspirant à l'initiation.

Cette transmission se fait rituellement à travers une organisation initiatique régulière. C'est la condition de base : si elle n'est pas remplie, Guenon considère qu'il n'y a pas d'initiation effective, mais seulement une vaine parodie de celle-ci (la "pseudo-initiation"). La "régularité" d'une organisation consiste à se rattacher à son tour, directement ou par l'intermédiaire d'autres centres, à un centre suprême et unique. Elle consiste aussi à se référer à une chaîne de transmission ininterrompue qui se poursuit dans le temps à travers des représentants réels, en remontant jusqu'à la "tradition primordiale". Pour que la transmission des influences spirituelles, conditionnant le développement initiatique, soit réelle, il suffit que les rites requis soient accomplis exactement par celui qui est régulièrement désigné pour cette fonction : qu'il comprenne ou non les rites requis, qu'il croie ou non à leur efficacité, n'a que peu d'importance pour l'acte lui-même. Dans ces cas aussi, la chaîne n'est pas interrompue, et une organisation initiatique ne cesse pas d'être "régulière" et capable de conférer l'initiation, même si elle n'a que des "initiés virtuels". Comme on le sait, l'Eglise a une vision similaire de l'ordination sacerdotale et de l'efficacité des rites régulièrement accomplis.

Quant au candidat à l'initiation, pour obtenir la transmission des "influences rituelles", une qualification est requise. Cette qualification concerne soit le plan physique, avec l'absence de certains défauts corporels, soit une certaine préparation mentale ("spéculative"), soit la présence d'une aspiration précise, ou, comme nous préférons l'appeler, d'une vocation. On peut dire d'une manière générale qu'un état de dysharmonie et de déséquilibre disqualifie l'accès à l'initiation. Avec la transmission des "influences spirituelles", il devient un "initié virtuel". Un changement intérieur s'opère, qui - comme l'appartenance à l'organisation à laquelle on est rattaché - sera indélébile et subsistera à jamais.

Cependant, une initiation efficace exige un travail d'actualisation actif, "opératoire", qui doit être fait par soi-même et qu'aucun enseignant ne peut entreprendre à la place de l'aspirant (puisqu'il existe différents degrés d'initiation, cela doit être compris de manière plausible pour chaque degré). Les représentants d'une organisation initiatique ne peuvent pas diriger, contrôler et accompagner ce développement et empêcher d'éventuelles déviations. Le lien avec des états supérieurs de l'être, établi par la transmission d'influences spirituelles, n'a pas toujours besoin d'être conscient pour être réel. En particulier, René Guenon distingue clairement la mystique de l'initiation, car le mystique n'est pas "actif" dans ses expériences : il n'a généralement même pas les moyens de les interpréter correctement (d'autant plus qu'il est un individu isolé et que la condition de base de l'initiation est le lien à un "centre" et à une "chaîne", ce qui n'est pas du tout le cas). Ensuite, René Guenon nie toute possibilité de rattachement - qu'il appelle "idéal" - à une tradition, c'est-à-dire tout rattachement qui ne s'effectue pas selon la voie rituelle susmentionnée et par contact avec des représentants vivants, existants, présents et autorisés de cette tradition. Enfin, l'initiation "spontanée" est également exclue, car elle équivaudrait à une naissance sans l'aide d'un facilitateur, ou au développement d'une plante sans qu'il y ait d'abord une graine, qui provient à son tour d'autres plantes, chacune d'entre elles naissant d'une autre.

C'est, en somme, le schéma guénonien de la "régularité initiatique". Voyons maintenant ce que l'on peut en penser.

Critique du schéma guénonien

Contre le schéma lui-même, il n'y aurait pas grand-chose à objecter, si ce n'est que la situation existant pour la plupart de ceux à qui s'adressent les écrits de Guenon, n'est rien d'autre qu'un schéma abstrait. Nous pouvons donner notre assentiment à ce schéma, mais si nous en venons à la question de savoir comment s'y prendre pour recevoir l'initiation, nous ne percevrons pas beaucoup de lumière dans l'œuvre de Guenon, bien au contraire. En effet, Guenon affirme que son but n'est rien d'autre que la clarification du concept d'initiation ; quant à traiter le problème initiatique lui-même, c'est-à-dire savoir à qui s'adresser pour recevoir des indications concrètes, c'est une chose qui ne le concerne - affirme-t-il - en aucune façon et qui ne peut, pour l'amour du monde, entrer dans ses attributions. Ainsi, l'individu qui entend constamment Guenon parler d'"organisations initiatiques", comme s'il en existait à chaque coin de rue, se trouve dans une véritable impasse, si le schéma de la "régularité initiatique" devait être considéré comme réellement absolu et exclusif. Nous pensons bien sûr à l'homme occidental. En Orient - des pays islamiques au Japon - il peut exister encore certains centres qui conservent suffisamment les caractéristiques indiquées par Guenon. Mais on ne peut pas en tenir grand compte, même si l'on décide de s'y rendre pour recevoir une véritable initiation régulière. En effet, il faudrait avoir la chance d'entrer en contact avec des centres d'une pureté, pour ainsi dire, absolument supratraditionnelle, car sinon il s'agirait d'initiations dont la juridiction (comme le reconnaît Guenon lui-même) est l'environnement d'une religion positive donnée, qui n'est pas la nôtre. Ici, il ne s'agirait pas de "convertir" ou non ; il y a un ensemble de facteurs physiques et subtils, raciaux et ataviques, de formes spécifiques de culte et de divinité, jusqu'au facteur représenté par la mentalité et la langue elle-même, qui entrent en ligne de compte. Il s'agirait de se transplanter dans un environnement physique et spirituel complètement différent : celui qui n'est pas accessible à la majorité et qui ne peut être atteint par un simple voyage.

Si l'on s'oriente au contraire vers la tradition qui a fini par prévaloir en Occident, on ne peut rien obtenir, car le christianisme est une tradition mutilée de la partie supérieure, ésotérique et initiatique. Au sein du christianisme traditionnel - c'est-à-dire le catholicisme - il n'y a plus de hiérarchie initiatique : ici, les perspectives se limitent à des développements mystiques par initiative individuelle, et sur une base charismatique. Il arrive qu'un mystique sache aller plus loin et qu'il parvienne, à titre purement individuel, à s'élever sur le plan métaphysique. On peut et on doit faire abstraction de quelques rares allusions des premiers siècles de notre ère, ou de celles que l'on croit trouver dans l'Eglise orthodoxe grecque, et que certains guénoniens ont recherchées.

Si, après avoir reconnu tout cela, on veut chercher plus, ce que dit Guenon n'est pas particulièrement consolant. En effet, il reconnaît que de nos jours, dans le monde occidental, il n'y a plus du tout d'organisations initiatiques. Celles qui ont existé aujourd'hui sont tombées dans un état de dégénérescence complète et sont devenues des "vestiges incompris, même par ceux qui les dirigent". De plus, ce qu'il ajoute, en guise de clarification, ne fait qu'accroître la perplexité et rend visible, en outre, les dangers qui découlent de l'assomption inconditionnelle du schéma abstrait de la "régularité initiatique". Nous ne pouvons ici qu'exprimer notre désaccord précis sur deux points. Le premier est que, même à travers des organisations dégradées, il serait possible d'obtenir quelque chose qui ressemble à une véritable initiation. Pour nous, la continuité des "influences spirituelles" est en effet illusoire, lorsqu'il n'y a pas de représentants dignes et conscients d'une chaîne donnée et que la transmission est devenue presque mécanique.

Il est vrai qu'il est possible, dans ce cas, que les influences véritablement spirituelles se "retirent", de sorte que ce qui reste et se transmet n'est rien d'autre que quelque chose de dégradé, une simple "psyché", même ouverte aux forces obscures, de sorte que l'adhésion à l'organisation correspondante, pour ceux qui aspirent vraiment au plus haut, devient souvent un inconvénient et un danger plutôt qu'une aide. René Guenon ne semble pas de cet avis : il estime que si la continuité rituelle extérieure a été maintenue, il est toujours possible d'obtenir ce qu'il appelle une "initiation virtuelle".

Plus grave est notre désaccord lorsque Guenon affirme que le résultat des recherches qu'il a menées à une époque désormais lointaine l'a conduit à la "conclusion formelle et indubitable" que, hormis la survivance de quelque groupe d'hermétistes chrétiens du Moyen Age, de toutes les organisations à prétention initiatique existant aujourd'hui en Occident, il n'y en a que deux qui puissent revendiquer, quoique sous une forme très décadente, une authentique origine traditionnelle et une réelle transmission initiatique : la Confrérie et la Franc-maçonnerie. Tout le reste ne serait que charlatanisme et vacuité, si ce n'est pour masquer quelque chose de pire. Ainsi s'exprime Guenon. Mais nous introduirons ici des considérations particulières, en soutenant qu'il existe suffisamment de témoignages de personnes qui, même en Occident, sont ou ont été en possession d'un savoir initiatique effectif, sans s'être affiliées ni à l'Ordre, ni à la Franc-maçonnerie.

Laissant ce fait de côté, nous dirons donc, en ce qui concerne le Compagnonnage, qu'il s'agit d'une organisation initiatique résiduelle, d'origine corporative et de portée très restreinte, dont le nom est à peu près inconnu hors de France. Nous n'avons pas assez d'informations pour nous prononcer ce sujet, et nous ne pensons pas que cela vaille la peine. Mais, en ce qui concerne la franc-maçonnerie, la situation est différente. René Guenon a peut-être envisagé la survivance d'un noyau de l'ancienne franc-maçonnerie "opérative", privé de relations avec ce qu'est concrètement la franc-maçonnerie d'aujourd'hui. Quant à cette dernière, elle n'a - du moins en ce qui concerne les quatre cinquièmes - absolument rien d'initiatique, n'étant qu'un système de degrés fantaisiste, construit sur la base d'un syncrétisme inorganique, dans la mesure où elle représente plus précisément ce que Guenon appelle la "pseudo-initiation".

Au-delà de cet édifice artificiel, ce que l'on peut trouver de "non-humain" dans la franc-maçonnerie moderne a au mieux un caractère très suspect ; diverses circonstances font qu'il est légitime de supposer qu'il s'agit d'une organisation dont l'élément véritablement spirituel a été "retiré" et dans laquelle le "psychisme" a souvent servi d'instrument à des forces obscures.

Si l'on s'en tient au principe du jugement aux fruits, la reconnaissance de la précision de la "direction d'efficacité" de la franc-maçonnerie dans le monde moderne, son action révolutionnaire constante, son idéologie, sa lutte contre toute forme positive d'autorité d'en haut, etc. ne peuvent que faire naître des doutes sur la nature du fond occulte de l'organisation en question, quand elle ne se réduit pas à une imitation pure et simple de l'initiation et de la hiérarchie initiatique.

René Guenon n'est pas du tout disposé à accepter une telle interprétation. Mais ce n'est pas le point décisif de la question. [9]Même s'il ne cherche pas à "diriger ou à voler des affiliés à une organisation", la responsabilité qu'il prend indirectement avec de telles considérations est entièrement la sienne, et pour notre part nous ne pouvons pas la partager, même dans sa plus petite partie. Ainsi, face à un tel bilan, le problème pratique, dans le cadre de la "pure régularité initiatique", se présente assez mal pour l'homme occidental. Il faut voir que d'autres voies, légitimes et fondées, peuvent être envisagées pour éclairer le problème.

Initiation et exemptions

Le mérite de la conception guénonienne est de mettre l'accent sur la difficulté de la réalisation initiatique dans les conditions actuelles et de poser une limite à certaines approches concernant "l'initiation individuelle" et "l'auto-initiation", présentées par certains - dont Rudolf Steiner - comme l'unique voie que l'homme occidental devrait suivre. Il est important de ne pas tomber d'un excès à l'autre.

---

[9] Il est tout aussi discutable que la franc-maçonnerie soit une "forme d'initiation purement occidentale" ; il faudrait ignorer toute la composante hébraïque de ses rituels et de ses légendes.

Il est tout à fait vrai qu'en raison du processus d'involution auquel l'humanité est soumise, certaines possibilités de réalisation directe, présentes aux origines, sont sinon totalement perdues, du moins devenues rares. Mais il ne faut pas tomber dans des positions équivalentes à la conception chrétienne, selon laquelle l'homme, irrémédiablement retardé par le "péché originel", ne peut rien faire par lui-même dans le domaine proprement surnaturel ; ici l'intervention inséparable de celui qui peut transmettre rituellement les "influences spirituelles", base de tout, selon Guenon, apparaît comme l'équivalent de la "grâce" et des "sacrements".

Une autre considération importante à faire est la suivante. Guenon lui-même, dans un autre livre, a signalé que l'un des aspects de l'involution spécifique est une solidification, soit comme ce qui se produit aujourd'hui dans la réalité présente sous les formes rigides d'une matérialité sans âme, soit - ajouterions-nous - comme ce qui détermine une fermeture intérieure de l'individu humain. Il faut considérer que, dans de telles conditions, le pouvoir et, par conséquent, l'assistance adéquate aux "influences subtiles" dans le domaine des rites, non seulement initiatiques, mais même religieux, est plus que réduit et même nul dans les cas donnés. Il faut en effet se demander quelle est la nature de ces "influences spirituelles" et si celui qui, en tant qu'"initié virtuel", les possède, n'est pas ainsi protégé contre toutes sortes d'erreurs et de déviations doctrinales. En effet, nous connaissons de nombreux cas de personnes - et pas seulement en Occident - dont la situation est vraiment conforme à la "régularité initiatique" au sens guénonien du terme (et, en premier lieu, tous les francs-maçons), mais qui font preuve d'une telle incompréhension et d'une telle confusion à l'égard de tout ce qui est véritablement ésotérique et spirituel, qu'elles apparaissent bien en deçà des personnes qui n'ont pas reçu ce don, mais qui sont dotées d'une juste intuition et d'une ouverture d'esprit suffisante. Là encore, on ne peut éviter de juger selon le critère "Je les jugerai à leurs fruits", et il ne faut pas se faire d'illusions sur les "influences" spirituelles en question, dans l'état actuel des choses.

Ceci étant dit, à titre de considération générale et décisive, il faut tenir compte de ce qui suit : l'homme qui est né à l'époque actuelle est un homme qui a accepté ce que les théosophes appelleraient un "karma collectif" : Il est l'homme qui s'est associé à une "race" qui "a voulu naître d'elle-même", qui s'est aussi libérée des liens qui ne servaient qu'à la soutenir et à la guider, et qui s'est laissée faire ; en suivant cette voie, elle n'a fait que se ruiner, et c'est ce que savent tous ceux qui comprennent le visage de la civilisation moderne. Mais le fait reste le même : aujourd'hui, en Occident, nous nous trouvons dans un milieu où les forces spirituelles se sont retirées et où l'individu ne peut guère compter sur elles, à moins que, grâce à un heureux concours de circonstances, il ne parvienne, dans une certaine mesure, à s'ouvrir une voie. En cela, il n'y a rien à changer.

Dans une situation qui constitue en soi une anomalie, pratiquement aussi dans le domaine de l'initiation, il faut donc considérer moins les voies régulières que celles qui ont un caractère exceptionnel. Guenon lui-même l'admet dans une certaine mesure. Les centres spirituels, dit-il, bien que selon des modalités extrêmement difficiles à définir, peuvent intervenir au-delà des formes de transmission régulière, soit en faveur d'individus particulièrement qualifiés, isolés dans un milieu où l'obscurcissement a atteint un tel point qu'il ne reste presque plus rien de traditionnel, et que l'initiation ne peut être obtenue dans un but général ou exceptionnel, tel que le renouvellement d'une chaîne initiatique accidentellement interrompue. Il existe donc des possibilités non normales de "contacts" directs. [10]Mais René

---

[10] Guenon parle de la collectivité de ceux qui ont atteint un certain état, supérieur à celui de l'humanité commune, et qui ont atteint le même degré initiatique. À proprement parler, on ne devrait pas parler de "sociétés", mais même pas d'"organisations". À une autre occasion,

Guenon ajoute qu'il est essentiel de rappeler que, même si un individu apparemment isolé parvient à une véritable initiation, celle-ci ne sera spontanée qu'en apparence, car en fait elle indiquera toujours un rattachement, par quelque moyen que ce soit, à une chaîne effectivement existante : un rattachement "sur la verticale", c'est-à-dire comme une participation intérieure aux principes et aux états supra-individuels dont toute organisation particulière d'hommes n'est qu'une manifestation sensible et, d'une certaine manière, qu'une extériorisation contingente .... Dans les cas en question, on peut donc toujours se demander si c'est bien l'intervention d'un centre qui a déterminé l'initiation ou, au contraire, si c'est l'initiative active de l'individu à vouloir avancer jusqu'à un certain point qui a provoqué cette intervention.

À cet égard, on peut parler d'une qualification qui n'est pas tout à fait parmi celles que Guenon a indiquées, une qualification active, créée par une discipline spéciale, par une préparation individuelle spéciale qui rend apte, non seulement à être choisi, mais aussi, dans certains cas, à imposer le choix et l'initiation. Le symbole de Jacob luttant contre l'ange, jusqu'à le forcer à le bénir, comme tant d'autres, même celui de Parsifal (dans Wolfram von Eschembach) qui ouvre le chemin du Graal "les armes à la main", quelque chose de "jamais vu auparavant", correspond à une telle possibilité. [11] Il est regrettable que dans les livres de René Guenon on ne trouve rien sur ce que peut être une discipline active de préparation, qui, dans certains cas, est

---

Guenon nous a rappelé que les hiérarchies initiatiques ne sont rien d'autre que des degrés d'être. Tout cela s'entend dans un sens spirituel et métaphysique et non dans un sens personnalisé ou organisé.

[11] C'est typiquement le cas dans l'ascétisme bouddhiste des origines. Le bouddhisme dispose également d'un terme technique pour désigner précisément ceux "qui se sont éveillés à eux-mêmes".

susceptible de conduire, même sans interruption, à l'illumination : de même René Guenon n'indique rien sur les disciplines concrètes concernant le travail d'actualisation, qui fait de l'"initié virtuel" un véritable initié et, finalement, un Adepte. Comme nous l'avons déjà dit, le domaine de René Guenon est celui de la simple doctrine, alors que celui qui nous intéresse est celui de la pratique.

Mais dans ce domaine aussi, René Guenon a parfois écrit quelque chose qui peut désorienter. Il se réfère à un enseignement islamique, selon lequel celui qui se présente devant une "porte" sans l'atteindre par la voie normale et légitime, voit cette porte s'ouvrir devant lui et se voit alors obligé de poursuivre son chemin, mais non pas comme un simple profane - ce qui serait impossible s'il y était entré - mais comme un sahar (sorcier ou magicien dans un sens inférieur). Certaines réserves doivent être faites à propos de cette démarche ; tout d'abord, si celui qui a réussi à s'approcher de cette "porte" par une voie non normale, a des intentions justes et pures, cette intention sera certainement reconnue par celui qui en a le droit, de sorte que la porte s'ouvrira selon le principe : "Frappez et l'on vous ouvrira". Mais si la porte ne s'ouvrait pas, cela indiquerait seulement que l'aspirant à l'initiation, face à l'épreuve, devrait ouvrir lui-même la porte par la violence, selon le principe que le seuil du Ciel peut être violé ; car, en général, ce que dit Eliphas Lévi est vrai, à savoir que la connaissance initiatique ne se donne pas, mais se prend : [12]ce qui constitue d'ailleurs l'essence de cette qualité active que, dans certaines limites, René Guenon lui-même reconnaît. Qu'on le veuille ou non, un certain trait "prométhéen"

---

[12] C'est sur cette base qu'il faut comprendre le principe d'"incommunicabilité". La véritable connaissance métaphysique est toujours un "acte" et ce qui possède la qualité d'un "acte" ne peut venir d'ailleurs ; selon l'expression grecque, on ne peut que l'atteindre.

appartiendra naturellement toujours à la catégorie supérieure de l'initié.

[13]René Guenon a raison de ne pas prendre au sérieux "l'initiation astrale" et de dénoncer à cet égard ce que certains médias "occultes" pensent dans leurs élucubrations. Là aussi, de nombreux points de vue doivent être considérés comme des déformations. Outre le fait que, de toute façon, la véritable initiation a lieu dans un état qui n'est pas celui de la conscience éveillée ordinaire, il est possible de s'élever activement vers des états où sont favorisés les contacts indispensables au développement supra-individuel. [14]Dans l'ésotérisme islamique, par exemple, on parle de la possibilité d'atteindre le shath, un état intérieur particulier qui, entre autres, donne éventuellement la capacité de s'unir au Khir, l'être énigmatique en qui réside le principe de l'initiation directe, c'est-à-dire sans la médiation d'une tariqa (organisation) ou d'une sîlsila (chaîne). Bien que conçue comme exceptionnelle, cette possibilité est admise. Ce qui est essentiel ici, c'est la nyyah, c'est-à-dire l'intention droite,

---

[13] On peut rappeler le rôle très important que joue l'initiation reçue pendant le sommeil chez les populations sauvages. Sur cet aspect, voir par exemple Mircea Elíade, "*Shamanism and the techniques of ecstasy*".

[14] Sur ce point, un texte d'Abdul Hadi (publié en août 1946 dans Etudes Traditionnelles) parle de deux chaînes, dont une seule est historique et l'initiation est donnée par un maître (cheik) vivant et autorisé qui détient la clé du mystère : c'est l'et-talimurrijal, soutenu par les hommes, par opposition à l'et-talimur-rabbani, pour lequel il ne s'agit pas d'un maître vivant en tant qu'homme, mais d'un maître "absent", inconnu, voire "mort" depuis de nombreux siècles. La notion de Khidr (prononcé Ridr), par lequel on peut recevoir directement l'initiation, renvoie à cette seconde voie. Cette possibilité revêt une importance particulière dans l'ismaélisme. Dans la Rusa Cruz, la figure mystérieuse d'"Élie l'artiste" était, dans un certain sens, l'équivalent du Khidr.

qui ne doit pas être comprise dans un sens abstrait et subjectif, mais comme une direction magique d'efficacité.

Considérons également un autre point. René Guenon, nous l'avons vu, exclut le lien "idéal" avec une tradition, car "elle ne peut se rattacher qu'à ce qui a une existence effective", c'est-à-dire à une chaîne dont il existe encore aujourd'hui des représentants vivants selon une filiation régulière : sans quoi l'initiation serait impossible et inexistante. Ici encore, il y a une curieuse confusion entre l'élément essentiel et l'élément contingent et organisateur. Qu'entend-on, en effet, par "existence effective" ? Tous les ésotéristes savent que lorsqu'un principe métaphysique cesse d'avoir une manifestation sensible dans un milieu donné ou à une époque donnée, il n'en devient pas moins "actuel", mais continue d'exister sur un autre plan (ce que Guenon lui-même reconnaît plus ou moins implicitement). Si par lien "idéal" on entend une simple aspiration mentale, on peut partager l'avis de Guenon ; sinon, en ce qui concerne les possibilités d'une évocation effective et directe, la question se pose sur la base du principe magique des correspondances analogiques et syntoniques. En somme, René Guenon admet - avec précision - que les "influences spirituelles" ont leurs lois propres ; cela ne revient-il pas à admettre, en principe, la possibilité d'une action déterminante sur elles ? Ce qui peut se concevoir dans une situation collective, une chaîne physique peut être créée et aménagée pour servir de corps qui, sur la base d'une "syntonie" et précisément d'une correspondance "sympathique", attire une influence spirituelle en termes de "descente" d'un plan, où les conditions de temps et d'espace n'ont pas de valeur absolue. Ce résultat peut être atteint ou non, mais il n'est pas à exclure et ne doit pas être confondu avec la simple et inconsistante "liaison idéale".

Enfin, René Guenon nie qu'une initiation puisse avoir lieu sur la base de ce qui s'est déjà passé dans des existences antérieures. Comme nous admettons aussi peu que Guenon la théorie de la réincarnation, s'il s'y réfère, nous sommes d'accord avec lui. Mais cela n'exclut pas ce que l'on pourrait appeler un "héritage transcendantal" particulier chez des individus donnés, susceptible de leur conférer une "dignité" particulière quant à la possibilité de passer et d'atteindre, par une voie directe, l'éveil initiatique. Le bouddhisme l'a explicitement reconnu. L'image guénonienne d'une plante ou d'un être vivant, qui ne peut naître en l'absence de semence (qui serait le "commencement", déterminé de l'extérieur par l'initiation rituelle), n'est valable que dans certaines limites. En la rendant absolue, on finit par contredire la métaphysique fondamentale de la non-dualité et surtout par renvoyer uniformément tous les êtres à un plus petit dénominateur commun. Car ils peuvent porter en eux la "graine" de l'éveil.

Conditions actuelles pour l'initiation

Nous avons déjà indiqué les éléments essentiels à faire valoir contre le schéma unilatéral de la "régularité" initiatique. D'une certaine manière, nous risquerions de nous disqualifier si nous ne reconnaissions pas à ce schéma la valeur qui lui est due. Mais il ne faut pas exagérer et perdre de vue les conditions particulières, disons même anormales, dans lesquelles se trouvent en Occident même ceux qui ont les meilleures intentions et les meilleures qualifications. Qui n'adhérerait pas s'il trouvait des organisations initiatiques, telles que les conçoit René Guenon, même avec des aspects qui suggèrent presque un système bureaucratique de "légalité" formelle ? Qui ne les chercherait pas, demandant simplement à être jugé et "mis à l'épreuve" ? Mais ce n'est pas le cas, et ceux qui lisent Guenon se trouvent dans la situation de quelqu'un qui a entendu dire qu'il serait beau de posséder une jeune femme fascinante, mais qui, en demandant où elle se trouve, n'obtiendrait comme réponse que le silence ou "ce n'est pas notre problème". Quant aux indications données directement par Guenon sur ce qui resterait à l'Ouest des organisations initiatiques régulières, nous avons déjà expliqué les réserves précises qui s'imposent.

Il ne reste que la question que, à vrai dire, nous aurions dû soulever dès le départ, à savoir que l'idée même d'initiation rituelle, telle qu'exposée par René Guenon, nous paraît très affaiblie. En effet, une transmission d'"influences spirituelles" faiblement individualisées, une transmission qui ne serait même pas perçue, unifiant une simple "initiative virtuelle", qui, au fond, comme nous l'avons dit, est exposée à toutes les erreurs et à toutes les déviations, tout au plus, comme le dernier des "profanes", une telle transmission, en somme, c'est bien peu de chose. Pour autant que l'on sache et que l'on puisse déduire des traditions précises - y compris celles des anciens mystères - la véritable initiation est au contraire comparable à une sorte d'opération chirurgicale, dont la contrepartie est une expérience vécue de façon particulièrement intense et laissant - comme le dit un texte : "l'empreinte éternelle d'une fracture".

Trouver quelqu'un capable de donner une initiation en ces termes n'est pas chose aisée et ne dépend pas de la seule qualification (pour les raisons déjà évoquées, il convient aujourd'hui, en Occident, d'apporter diverses restrictions au principe "quand le disciple est prêt, le Maître est prêt"). Dans ce cas, il s'agit essentiellement d'éléments, pour ainsi dire, "exceptionnels" (au sens militaire), qui, dans la vie, peuvent être trouvés ou non. Il ne faut pas se faire d'illusion sur la possibilité de trouver une véritable "école" avec tout ce qu'il faut pour un développement régulier, avec un système suffisant de "garde-fous" et de contrôles. Les "écoles" qui, en Occident, prétendent l'être, comme elles prétendent l'être avec les "initiés" qui inscrivent leurs qualifications sur des cartes de visite ou dans les pages jaunes, sont de vulgaires mystifications, et l'un des mérites de Guenon est d'avoir exercé une juste critique destructrice.

Quant à ceux qui, après avoir accepté le karma de la civilisation dans laquelle ils ont voulu naître, sûrs de leur vocation, veulent avancer seuls, en cherchant des contacts directs "verticaux", c'est-à-dire métaphysiques, au lieu de liens "horizontaux" avec des organisations apparues dans l'histoire et susceptibles de les aider, ils s'engagent sur un chemin dangereux, réalité que nous voulons souligner explicitement : Car tout se passe comme s'ils s'aventuraient dans la nature, sans "carte de référence" ni carte de visite. Mais enfin, si dans le monde profane il est considéré comme naturel pour une personne bien née de mettre sa vie en jeu, lorsque la fin en vaut la peine, il n'y a pas de raison de penser autrement pour celui qui, dans les circonstances actuelles, n'a d'autre choix que la conquête de l'initiation et l'abolition du lien humain. Allah akbar ! peut se dire avec les Arabes, c'est-à-dire Dieu est grand, alors que Platon avait déjà condamné : "Toutes les grandes choses sont dangereuses".

Julius Evola

"LA DOCTRINE ARYENNE DE LA LUTTE ET DE LA VICTOIRE

Conférence donnée à l'Institut "Kaiser Willhelm" de Rome le à Rome, le 7 décembre 1940.

La "décadence de l'Occident", selon la conception d'un critique réputé de la civilisation occidentale, est clairement reconnaissable à deux caractéristiques principales : premièrement, le développement pathologique de tout ce qui est activisme ; deuxièmement, le mépris des valeurs de la connaissance intérieure et de la contemplation.

Cette critique n'entend pas par Connaissance le rationalisme, l'intellectualisme ou d'autres jeux de mots vides de sens ; elle n'entend pas par Contemplation un détachement du monde, un renoncement ou un détachement monastique mal compris. Au contraire, la Connaissance intérieure et la Contemplation représentent les formes normales et les plus appropriées de la participation de l'homme à la Réalité surnaturelle, supra-humaine et supra-rationnelle. Malgré cette clarification, la conception ci-dessus repose sur une prémisse que nous ne pouvons accepter. En effet, il est tacitement et factuellement admis que toute action dans le domaine matériel est limitative et que le domaine spirituel le plus élevé n'est accessible que par d'autres voies que l'action.

Dans cette idée, nous reconnaissons clairement l'influence d'une conception de la vie qui est fondamentalement étrangère à l'esprit de la race aryenne ; mais qui, néanmoins, est déjà si profondément liée à la pensée de l'Occident chrétien qu'elle se retrouve également dans la conception impériale dantesque. L'opposition entre l'action et la contemplation était, au contraire, inconnue des anciens Aryens.

L'action et la contemplation n'ont pas été opposées l'une à l'autre comme les deux termes d'une opposition. Ils désignaient simplement des mots différents pour désigner la même réalisation spirituelle. En d'autres termes, les anciens Aryens pensaient que l'homme pouvait surmonter son conditionnement individuel non seulement par la contemplation, mais aussi par l'action.

Si l'on s'éloigne de cette première idée, le caractère de la décadence progressive de la civilisation occidentale doit être interprété différemment. La tradition d'action est typique des races aryennes occidentales. Mais cette tradition s'écarte progressivement. Il en est ainsi dans l'Occident d'aujourd'hui, où l'on en est venu à ne connaître et à n'honorer qu'une action sécularisée et matérialisée, privée de toute forme de contact transcendant, une action profanée qui doit inévitablement dégénérer en fièvre ou en manie, et se résoudre en une action pour l'action : ou en une action qui n'est liée qu'à des effets conditionnés par le temps. Dans le monde moderne, les valeurs ascétiques et vraiment contemplatives ne répondent pas à une telle action dégénérée, mais seulement à une culture brumeuse et à une foi pâle et conventionnelle. Telle est notre vision de la situation.

Si le "retour aux origines" est le concept de base de tout mouvement actuel de renouveau, alors la compréhension de la conception aryenne primordiale de l'Action doit être une tâche indispensable du retour conscient. Cette conception aryenne doit avoir un effet transformateur et évoquer les forces vitales dormantes dans l'Homme Nouveau de la Bonne Race.

Aujourd'hui et ici, nous voudrions oser un bref "excursus" précisément dans l'univers de la pensée du monde aryen primordial, dans le but de mettre en lumière, une fois de plus, certains éléments fondamentaux de notre tradition commune, en accordant une attention particulière aux significations aryennes de la guerre, de la lutte et de la victoire.

Naturellement, pour l'ancien guerrier aryen, la guerre, en tant que telle, répondait à une lutte éternelle entre des forces métaphysiques. D'un côté, le principe olympien de la lumière, la réalité solaire et uranienne ; de l'autre, la violence brutale de l'élément "titanique-tellurique", barbare au sens classique, "féminin-démoniaque". Ce thème de la lutte métaphysique apparaîtra sous mille formes dans toutes les traditions d'origine aryenne. Ainsi, toute lutte sur le plan matériel était prise avec plus ou moins de conscience comme un épisode de cette antithèse. L'aryanité étant considérée comme une milice du principe olympien, il est donc nécessaire aujourd'hui de revenir sur cette voie des anciens Aryens, et aussi d'accorder la légitimité ou la consécration suprême du droit au pouvoir et de la conception impériale elle-même, où, au fond, son caractère anti-laïque semble tout à fait évident.

Dans l'imaginaire de ce monde traditionnel, toute réalité était transformée en symbole.... Il en va de même pour la guerre d'un point de vue subjectif et intérieur. Ainsi, ils pouvaient se fondre en une seule entité : la guerre et le chemin vers le divin.

Les témoignages significatifs offerts par les différentes traditions nordiques et germaniques sont connus de tous. Cependant, il faut dire que ces traditions, telles qu'elles nous sont parvenues, sont fragmentées et mélangées ; très souvent, elles représentent déjà la matérialisation des plus hautes traditions primordiales aryennes, qui sont tombées au niveau de superstitions populaires. Cela n'empêche pas de fixer quelques points.

Tout d'abord, comme nous le savons tous, le "Walhalla" est la capitale de l'immortalité céleste, principalement réservée aux héros tombés sur le champ de bataille. Le seigneur de ces lieux, ODIN-WOTAN, est représenté dans la saga "Ynglinga" comme celui qui, par son sacrifice symbolique à l'arbre cosmique "Ygdrasil", a montré la voie aux guerriers, une voie qui mène à une demeure divine, où la vie immortelle s'épanouit toujours. Selon cette tradition, en effet, aucun sacrifice ou culte n'est plus agréable au dieu suprême, aucun effort ne produit des fruits plus riches, supra-terrestres, que celui offert par ceux qui sont morts en combattant sur le champ de bataille. [15]Mais ce n'est pas tout : derrière la représentation sombre du "Wildes Herr" se cache aussi la signification fondamentale suivante : à travers les guerriers qui, en tombant, offrent un sacrifice à ODIN, se forment les troupes dont le dieu aura besoin pour la dernière bataille finale du "Ragna-rökk", c'est-à-dire contre ce fatal "obscurcissement du divin" qui plane sur le monde depuis les temps les plus anciens.

Jusqu'à présent, le motif aryen authentique de la forte lutte métaphysique est donc clairement mis en lumière. [16]Dans l'"Edda", il serait également dit : "Aussi grand que soit le nombre de héros rassemblés au "Walhalla", il ne sera jamais suffisant lorsque le loup fera une percée". Le loup est ici l'image de ces forces sombres et sauvages que le monde des "As" a réussi à soumettre.

---

[15] Wildes Herr" : "Wildes Herr" : groupe sauvage, horde orageuse

[16] Gylfaginning

La conception aryenne-iranienne de MITHRA, "le guerrier sans sommeil" est en effet analogue. C'est lui qui, à la tête du "Fravashi" et de ses fidèles, livre bataille aux ennemis du dieu aryen de la lumière. Nous parlerons tout de suite après des "Fravashi" et examinerons leur étroite corrélation avec les "Walkyrias" de la tradition nordique. D'autre part, nous tenterons également de classifier le sens de la "Guerre Sainte" à travers d'autres témoignages concordants. Il n'est pas surprenant que nous nous référions avant tout à la tradition islamique dans ce contexte. La tradition islamique prend la place de la tradition aryenne-iranienne. L'idée de la "guerre sainte" - du moins en ce qui concerne les éléments examinés ici - parviendra aux tribus arabes à travers l'univers de la pensée iranienne : elle a donc en même temps le sens d'une renaissance tardive d'un héritage aryen primordial et, de ce point de vue, elle peut être utilisée sans aucun doute.

Il est reconnu que cette tradition fait une distinction entre deux "guerres saintes", à savoir la "grande" et la "petite" guerre sainte. Cette distinction se fonde sur les paroles du Prophète qui déclare à son retour d'un raid de guerre : "Nous sommes revenus de la petite guerre à la grande guerre sainte". Dans ce contexte, la grande guerre sainte appartient aux niveaux spirituels. La petite guerre sainte, en revanche, est la lutte psychique et matérielle, la guerre menée dans le monde extérieur. La grande guerre sainte est la lutte de l'homme contre ses propres ennemis, ceux qu'il porte en lui. Plus précisément, c'est la lutte de l'élément surnaturel dans l'homme lui-même contre tout ce qui est instinctif, passionnel, chaotique, soumis aux forces de la nature. [17]Telle est aussi l'idée qui apparaît dans la "Bhagavad-Gita", ce grand traité antique de sagesse guerrière aryenne : "Connaissant ce qui est au-dessus de la pensée, saisis ta force intérieure et frappe, guerrier aux longs bras, cet ennemi redoutable qu'est le

---

[17] *Bhagavad-Gita* III,43 (Trans. par Emile Senart, Paris 1967)

désir". La condition sine qua non du travail intérieur de libération est l'anéantissement définitif de cet ennemi.

Dans l'image de la tradition héroïque, cette petite guerre sainte - c'est-à-dire une guerre en tant que lutte extérieure - ne sert que de moyen pour réaliser cette grande guerre sainte.

C'est pourquoi, dans les textes, "guerre sainte" et "voie de Dieu" sont souvent synonymes. [18]Ainsi, nous lisons dans le Coran : "Ils combattent dans la voie de Dieu" - c'est-à-dire dans la guerre sainte - ceux qui sacrifient cette vie terrestre à la vie future ; car à celui qui combat et meurt, sur la voie de Dieu, ou à celui qui remporte la victoire, Nous donnerons une grande récompense". Et, plus loin : "À ceux qui tombent sur la voie de Dieu, Nous donnerons une grande récompense". [19]Et plus loin : "À ceux qui tombent sur le chemin de la Voie de Dieu, Il ne laissera jamais leurs actions s'égarer ; Il les guidera et leur donnera beaucoup de paix au cœur ; et Il les fera entrer au Paradis, qu'Il leur révélera". L'allusion ici est faite à la mort physique à la guerre, à la "mors triunphalis" (mort victorieuse) ; et cela, en parfaite correspondance avec toutes les traditions classiques. La même doctrine peut cependant aussi être interprétée dans un sens symbolique.... Celui qui, dans la "petite guerre", vit une "grande guerre sainte", crée en lui une force qui le prépare à surmonter la crise de la mort. Mais même sans être mort physiquement, il peut, par l'ascèse de l'action et de la lutte, faire l'expérience de la mort ; il peut avoir vaincu intérieurement et atteint un "plus que la vie". D'un point de vue ésotérique, le "Paradis", le "Royaume des Cieux" et d'autres expressions similaires ne sont que des symboles et des représentations, forgées par les hommes, d'états d'éveil transcendants, qui se

---

[18] Coran VI, 76

[19] Coran XLVII

situent déjà sur un plan plus élevé que la vie ou la mort. Ces considérations doivent également servir de base pour trouver les mêmes significations sous l'aspect extérieur du christianisme, que la tradition héroïque nordique et occidentale a été forcée d'adopter pendant les croisades afin de pouvoir se manifester au monde extérieur. Bien plus qu'on ne le croit généralement aujourd'hui, les croisades médiévales pour la "libération du Temple" et la "conquête de la Terre Sainte" présentent des points de contact évidents avec la tradition nordique-aryenne, où l'on fait référence au mythique "Asgard", la terre lointaine des As et des Héros, où la mort n'est pas pressée et où les habitants jouissent d'une vie immortelle et d'une paix surnaturelle. La guerre sainte apparaît comme une guerre totalement spirituelle au point d'être comparée, par les prédicateurs, littéralement, à une "purification, comme le feu du purgatoire avant la mort". "Quelle plus grande gloire que de ne pas sortir du combat, mais couvert de lauriers. [20]Quelle plus grande gloire que de gagner, sur le champ de bataille, une couronne immortelle", dit un BERNARD DE CLAIRVAUX aux Templiers. La "Gloire absolue", celle que les théologiens attribuent à Dieu au plus haut des cieux (avec son "in Excelsis Deo"), est également confiée au croisé comme étant la sienne. C'est dans ce contexte que la "Sainte Jérusalem" a été placée, sous ce double aspect : ville terrestre et ville céleste, et la Croisade comme une grande élévation qui mène réellement à l'immortalité.

Les actes des militaires croisés, hauts et bas, produisirent d'abord des surprises, des confusions et même des crises de foi, mais eurent ensuite pour seul effet de purifier l'idée de "guerre sainte" de tout résidu de matérialisme. Sans doute, la fin malheureuse d'une croisade s'apparente-t-elle à la Vertu poursuivie par le Malheur, et dans laquelle le courage ne peut être jugé et récompensé que par rapport à une voie, à une voie

---

[20] "De laude novae militiae".

non terrestre. Ainsi, au-delà de la victoire ou de la défaite, le jugement de valeur se concentrerait sur l'aspect spirituel et authentique de l'action. Ainsi, la "guerre sainte" vaut en elle-même, indépendamment de son résultat matériel visible, comme moyen d'atteindre, par le sacrifice actif de l'élément humain, une réalisation supra-humaine.

Et c'est justement ce même enseignement, élevé au rang d'expression métaphysique, qui réapparaîtra dans un texte indo-aryen bien connu, la "Bhagavad-Gita". [21]La compassion et les sentiments humanitaires qui empêchent le guerrier ARJUNA de combattre l'ennemi sont jugés par Dieu comme étant "louches, indignes d'un "ârya" (...), ne menant ni au ciel ni à l'honneur". Le commandement dit : "Si tu es tué, tu iras au ciel ; si tu es vainqueur, tu gouverneras la terre. [22]Lève-toi, fils de Kuntî, prêt à combattre" . [23]La disposition intérieure qui peut transmuter la petite guerre sainte en grande guerre sainte, déjà indiquée, est ici clairement décrite comme suit : "...M'apportant toute action, l'esprit replié sur lui-même, libre d'espoir et de visions intéressées, combat sans scrupules" . Dans des expressions aussi claires, la pureté de l'action est affirmée : elle doit être voulue, pour elle-même, au-delà de toute passion et de toute impulsion humaine : "Considère que la souffrance, la richesse ou la misère, la victoire ou la défaite sont en jeu. [24]Préparez-vous donc au combat ; vous éviterez ainsi le péché" .

---

[21] *Bhagavad-Gita* II, 2

[22] II, 37

[23] III, 30

[24] II, 38

En tant que fondement métaphysique supplémentaire, le dieu clarifie la différence entre ce qui est spiritualité absolue - et, en tant que telle, sera indestructible - et ce qui n'a comme élément que le corporel et l'humain, dans une existence illusoire. D'une part, le caractère d'irréalité métaphysique de ce qui peut être perdu au fur et à mesure que le corps mortel et la vie disparaissent, ou bien se révèle dans lequel la perte peut être un facteur conditionnant. D'autre part, Arjûna est conduit, dans cette expérience d'une force de manifestation du divin, à un pouvoir de transcendance irrésistible. Ainsi, face à la grandeur de cette force, toute forme conditionnée d'existence apparaît comme une négation. Là où cette négation est activement niée, c'est-à-dire là où, dans l'assaut, toute forme conditionnée d'existence est renversée ou détruite, cette force en vient à avoir une manifestation terrifiante.

Ce n'est que sur cette base, précisément, que l'énergie adéquate peut être exploitée pour réaliser la transformation héroïque de l'individu. Dans la mesure où le guerrier travaille dans la pureté et le caractère de l'absolu, ici indiqué, il brise les chaînes de l'humain, évoque le divin comme une force métaphysique, attire à lui cette force active et y trouve son illusion et sa libération. Le mot crucial correspond à un autre texte - appartenant également à la même tradition - qui dit : "La vie est comme un arc ; l'âme est comme une flèche ; l'esprit absolu est comme la cible à percer. [25]Unissez-vous à ce grand esprit, comme la flèche que l'on tire est fixée dans la cible". Si nous pouvons voir ici la forme la plus élevée de réalisation spirituelle à travers la lutte et l'héroïsme, il est alors vraiment significatif que cet enseignement soit présenté dans la "Bhagavad-Gita" comme la continuation d'un héritage primordial aryen-solaire. En fait, il a été donné par le "Soleil" au premier législateur des Aryens, MANU, et il a ensuite été gardé par une grande dynastie de rois

---

[25] *Mârkandeya-purâna*, XLII, 7, 8

consacrés. Au cours des siècles, cet enseignement s'est perdu, mais il a été à nouveau révélé par la divinité, non pas à un prêtre dévot, mais à un représentant de la noblesse guerrière, Arjûna. Ce que nous avons évoqué jusqu'à présent donne également un aperçu des significations les plus profondes qui sont à la base d'un certain nombre de traditions classiques et nordiques. Ainsi, à titre de référence, il convient de noter ici que, dans ces anciennes traditions, certaines images symboliques précises apparaissent avec une fréquence singulière : il s'agit tout d'abord de l'image de l'âme en tant que démon, double et génie ; puis de l'image des présences dionysiaques et de la déesse de la mort et de l'image d'une déesse de la victoire, qui apparaissait souvent sous la forme d'une déesse de la bataille.

Pour une compréhension exacte de toutes ces relations, il sera très utile de classer la signification de l'âme, qui est ici comprise comme un démon, un génie ou un double. L'homme antique symbolise dans le démon ou dans son propre double une force enfouie dans les profondeurs, qui est pour ainsi dire "la vie de la vie", dans la mesure où elle dirige généralement tous les événements, tant corporels que spirituels, auxquels la conscience normale n'a pas accès, mais qui conditionnent néanmoins indubitablement l'existence contingente et le destin de l'individu.

Il existe un lien très étroit entre ces entités et les forces mystiques de la Race et du Sang. Ainsi, par exemple, le Démon apparaît, à bien des égards, semblable aux Dieux Lares, les entités mystiques d'une lignée, d'une génération, dont MACROBE, par exemple, dit : "Ce sont des dieux qui nous maintiennent en vie. Ils nourrissent notre corps et guident notre âme". On peut donc dire qu'entre le démon et la conscience normale, il existe une relation du même type qu'entre le principe d'individuation et le principe individué. Le premier, selon l'enseignement des anciens, est une force supra-individuelle et donc supérieure à la naissance et à la mort. Le second, c'est-à-dire le principe d'individuation, conscience conditionnée par le corps et le monde extérieur, est normalement destiné à la dissolution ou à cette survie très éphémère du monde de l'ombre. Dans la tradition nordique, l'image des "Walkyrias" a plus ou moins la même signification que le démon. [26]L'image d'une "Walkyria" se confond dans de nombreux textes avec celle d'une "Fylgja", c'est-à-dire avec une entité spirituelle active dans l'homme et à la force de laquelle son destin est soumis. Comme la "Kynfylgja", la "walkyria" est - à l'instar des dieux romains - la force mystique du sang. Il en va de même pour le "Fravashi" de la tradition aryenne-iranienne. Le "Fravashi" - explique un orientaliste bien connu - "est la force intime de tout être humain, c'est ce qui le soutient depuis sa naissance et sa subsistance". Comme les dieux romains, les "Fravashi" sont à la fois en contact avec les forces primordiales d'une race et sont - comme les "Walkyrias" - des déesses prépondérantes de la guerre, qui apportent fortune et victoire. C'est la première relation qu'il faut dévoiler et découvrir : qu'est-ce que cette force mystérieuse, qui représente l'âme profonde de la race et le transcendantal en l'homme, peut avoir en commun avec les déesses de la guerre ? Pour comprendre ce point, il faut se rappeler que les anciens Indo-Germains avaient une conception de leur propre immortalité qui était, pour ainsi dire, aristocratique, différenciée. Tout le monde n'échappait pas à la dissolution, à cette survie lémurienne dont "Hadès" et "Niflheim" étaient d'anciennes images symboliques.... L'immortalité était le privilège d'un très petit nombre et, selon la conception aryenne, principalement un privilège héroïque. Survivre - non pas comme une ombre, mais comme un demi-dieu - n'est réservé qu'à ceux que les actions spirituelles ont fait passer d'une nature à une autre. Ici, malheureusement, je ne peux pas fournir de preuves pour justifier ce que je donne comme affirmation : techniquement, ces actions spirituelles réussissent à transformer le moi individuel, celui de la conscience humaine normale, en une force profonde, supra-individuelle, la force d'individuation, qui est au-delà de la naissance et de la mort et à laquelle, comme on

---

[26] "Compagnon", littéraire.

l'a dit, correspond le concept de "démon". Mais le démon est néanmoins bien au-delà de toutes les formes finies dans lesquelles il se manifeste, et ce non seulement parce qu'il représente la force primordiale de toute une race, mais aussi sous l'aspect de l'intensité. Le passage soudain de la conscience ordinaire à cette force, symbolisée par le démon, provoquerait donc une crise destructrice, semblable à un éclair résultant d'une tension de potentiel trop élevée dans et pour le circuit humain. Nous supposons donc que, dans des conditions exceptionnelles, le démon peut aussi apparaître dans l'individu et lui faire vivre une sorte de transcendance destructrice ; il se produirait alors une sorte d'expérience active de la mort, et la deuxième relation apparaît alors très clairement, c'est-à-dire que l'image du double ou du démon dans les mythes de l'antiquité a pu être confondue avec la divinité de la mort. Dans la vieille tradition nordique, le guerrier voit sa propre walkyria au moment même de la mort ou du danger mortel. Allons plus loin. Dans l'ascétisme religieux, la mortification, le renoncement à soi, la tension dans l'impuissance de Dieu, sont les moyens privilégiés, par lesquels on cherche précisément à provoquer la crise susmentionnée et à la surmonter positivement. Des expressions telles que "mort mystique" ou "nuit obscure de l'âme", etc., etc. qui indiquent cet état, sont bien connues de tous. D'autre part, dans le tableau d'une tradition héroïque, le chemin vers la même fin est représenté par la tension active, par la libération dionysiaque de l'élément d'action. Nous observons par exemple, au niveau le plus bas de la phénoménologie correspondante, la danse utilisée comme technique sacrée pour évoquer et susciter, par l'extase de l'âme, les forces sous-jacentes dans les profondeurs. Dans la vie de l'individu libéré par le rythme dionysiaque, une autre vie s'insère presque comme l'épanouissement de sa racine basale. Les Erinies, les Furies, la "Horde sauvage" et diverses autres entités spirituelles analogues représentent cette force en termes symboliques. Elles correspondent donc toutes à une manifestation du démon dans sa transcendance terrifiante et active. A un niveau plus élevé se trouvent déjà les jeux de guerre et les jeux sportifs sacrés, et à un niveau encore plus élevé se trouve la guerre elle-même. Nous revenons ainsi à la conception aryenne primordiale et à l'ascétisme guerrier.

Au plus fort du danger du combat héroïque, la possibilité de cette expérience supra-normale est reconnue. [27]Ainsi, l'expression latine "ludere", jouer ou jouer un rôle, combattre, semble contenir l'idée de résolution. C'est l'une des nombreuses allusions à la propriété incluse dans le combat, de s'affranchir des limites individuelles, de faire émerger les forces libres cachées dans les profondeurs. De là découle la base de la troisième assimilation : les Démons, les Dieux Lares, en tant qu'Ego individuant, sont identiques non seulement aux Furies, aux Erinias et aux autres natures dionysiaques déchaînées, qui, pour leur part, ont de nombreuses caractéristiques communes avec la pulsion de mort ; ils ont également une importance égale, par leur relation avec les vierges qui mènent les héros à l'assaut dans la bataille, aux "Walkyrias" et aux "Fravashi". Ainsi, les "Fravashi" sont décrits dans les textes sacrés, par exemple, comme "les terrifiants, les tout-puissants", "ceux qui écoutent et donnent la victoire à celui qui les invoque" ; ou, pour le dire plus clairement, à celui qui les invoque en lui-même. De là à la dernière similitude, il n'y a qu'un pas. Les mêmes entités guerrières assument enfin le rôle de déesses de la victoire ; une métamorphose qui caractérise précisément l'heureux accomplissement des expériences intérieures en question. C'est ainsi que le Démon ou le Double a le sentiment d'un pouvoir profond, supra-individuel, latent par rapport à la conscience normale, ordinaire. C'est ainsi que les Furies et les Erinias nous reflètent une manifestation particulière du déchaînement et de l'irruption démoniaques - et les Déesses de la Mort, "Walkyrias", "Fravashi", etc..., se rapportent aux mêmes situations ; dans la mesure où elles sont possibles à travers le combat héroïque - de même la Déesse de la Victoire est l'expression du triomphe du moi sur ce pouvoir.

---

[27] Bruckmann ; Indogerm. Forschungen. XVIII, 433 Q.C.K.

Elle indique la tension victorieuse par rapport à une condition au-delà du danger, incluse dans l'extase et les formes subpersonnelles de destruction, un danger toujours en embuscade derrière le moment frénétique de la grande action dionysiaque, et aussi de l'action héroïque. L'impulsion vers un état spirituel véritablement supra-personnel, qui nous rend libres, immortels, intérieurement indestructibles, est illustrée par la phrase "Faire deux en un" (les deux éléments de l'essence humaine), qui est ainsi synthétisée dans cette représentation de la conscience mythique.

Passons maintenant au sens dominant de ces traditions héroïques primordiales, c'est-à-dire à cette conception mystique de la victoire. Ici, le postulat fondamental est que l'on connaissait une correspondance effective entre le physique et le métaphysique, entre le visible et l'invisible, où les actes de l'esprit manifestent des traits supra-individuels et s'expriment par des opérations et des actes réels. Sur cette base, une réalisation spirituelle est perçue comme l'âme secrète de certaines actions véritablement guerrières, dont la plus haute expression est la victoire effective. Tous les aspects matériels de la victoire militaire deviennent alors l'expression d'une action spirituelle qui a apporté la victoire, au point où l'extérieur et l'intérieur se touchent. La victoire apparaîtrait comme le signe tangible d'une consécration à une renaissance mystique entreprise dans le même domaine. Les Furies et la Mort, que le guerrier a affrontées matériellement sur le champ de bataille, s'opposent aussi à lui, intérieurement, plus sur le plan spirituel, sous la forme d'une irruption menaçante des forces primordiales de son être. Dans la mesure où il en triomphe, la victoire lui appartient.

Ce contexte explique également pourquoi chaque victoire revêt une signification sacrée particulière dans le monde lié à la tradition. C'est ainsi que le chef d'armée, acclamé sur les champs de bataille, a offert l'expérience et la présence de cette force mystique qui l'a transformé. Le sens profond du caractère supra-terrestre émergeant de la gloire et de la "divinité" héroïque du vainqueur est ainsi rendu plus compréhensible ; d'où le fait que l'ancienne tradition romaine du triomphe avait des caractéristiques plus sacrées que militaires. Le symbolisme récurrent dans les traditions aryennes primordiales des Victoires, "Walkyrias" et autres entités analogues qui guident l'âme du guerrier vers le "ciel"... ; ainsi que le mythe du héros victorieux comme l'HERACLES dorien qui obtient de NIKE "la Déesse de la Victoire", la couronne qui le fait participer à l'immortalité olympienne. Ce symbole se manifeste maintenant sous un jour très différent, et il est désormais clair que cette façon ignorante de voir, qui ne voudrait pas distinguer dans tout cela autre chose que de la simple "poésie", de la rhétorique et de la fable, est totalement fausse et superficielle.

La théologie mystique moderne enseigne que c'est dans la Gloire que s'accomplit la transfiguration spirituelle sanctifiante, et toute l'iconographie chrétienne entoure la tête des saints et des martyrs de l'auréole de la gloire. Tout indique qu'il s'agit là d'un héritage, bien que très affaibli, de nos plus hautes traditions héroïques. La tradition aryenne-iranienne connaissait déjà, en effet, le feu céleste entendu comme gloire - "Hvareno" - qui descend sur les rois et les vrais chefs, les rend immortels et leur permet ainsi de témoigner de la victoire..... L'ancienne couronne royale de rayons symbolisait exactement la gloire en tant que feu solaire et céleste. La lumière, la splendeur solaire, la gloire, la victoire, la royauté divine sont les images qui se trouvaient au sein du monde aryen dans la relation la plus étroite ; non pas comme des abstractions ou des inventions de l'homme, mais avec la signification claire de forces et de dominations absolument réelles. Dans ce contexte, la doctrine mystique de la lutte et de la victoire représente pour nous un sommet lumineux de notre conception commune de l'action au sens traditionnel.

Cette conception traditionnelle nous parle aujourd'hui d'une manière qui nous est encore compréhensible - à condition, bien sûr, que nous nous distancions de ses manifestations extérieures et conditionnées par le temps. Nous voulons donc, comme aujourd'hui, dépasser cette spiritualité fatiguée, anémique ou basée sur de simples spéculations abstraites ou sur des sentiments pieux, et en même temps surmonter la dégénérescence matérialiste de l'action. Est-il possible de trouver de meilleurs points de référence pour cette tâche que les idéaux de l'Aryen primordial mentionnés plus haut ? Mais ce n'est pas tout. Les tensions matérielles et spirituelles se sont à ce point comprimées en Occident ces dernières années qu'elles ne peuvent être résolues que par le combat. Avec la guerre actuelle, une époque touche à sa propre fin et des forces émergent qui ne peuvent être maîtrisées et transformées en dynamique d'une nouvelle civilisation uniquement par des idées abstraites, des prémisses universalistes ou des mythes irrationnellement familiers. Il faut maintenant une action beaucoup plus profonde et essentielle pour que, bien au-delà des ruines d'un monde subverti et condamné, une nouvelle époque s'ouvre pour l'Europe.

Toutefois, dans cette perspective, beaucoup dépendra de la manière dont l'individu pourra façonner l'expérience du combat, c'est-à-dire s'il sera capable d'assumer l'héroïsme et le sacrifice comme ses propres chartes, comme un moyen de libérer l'éveil intérieur. Non seulement pour la sortie finale et victorieuse des événements de cette période orageuse, mais aussi pour donner forme et sens à l'ordre qui émergera de la victoire. Cette tâche de nos combattants intérieurs, invisible en dehors des gestes et des grandes paroles, aura un caractère décisif. C'est dans la bataille même qu'il faut réveiller et tempérer cette force qui, au-delà de la tempête de sang et d'épreuves, favorisera, par une splendeur nouvelle et une paix toute-puissante, la nouvelle création. C'est pourquoi il faut apprendre aujourd'hui sur le champ de bataille l'action pure, action non seulement dans le sens d'une ascèse virile, mais aussi dans le sens d'une grande purification et d'un chemin vers des formes de vie plus élevées, valables en elles-mêmes ; ce qui, cependant, a dans un certain sens la signification d'un retour à la tradition primordiale de l'Aryen-Occident. Les mots "la vie comme un arc, l'âme comme une flèche et l'esprit absolu comme une cible à atteindre" résonnent encore en nous depuis les temps anciens. Car celui qui, aujourd'hui encore, vit la bataille dans le sens de cette identification, se tiendra debout là où d'autres tomberont ; il aura une force invincible. Cet homme nouveau surmontera en lui-même tous les drames et toutes les ténèbres, tout le chaos et représentera l'arrivée des temps nouveaux, le début d'un nouveau développement.... Cet héroïsme du meilleur, selon la tradition aryenne primordiale, peut réellement assumer une fonction évocatrice, c'est-à-dire la fonction de rétablir le contact, endormi depuis de nombreux siècles, entre le monde et le supramonde. Alors la bataille ne deviendra pas une grande et horrible boucherie, elle n'aura pas le sens d'un destin désespéré, conditionné par le seul désir de conquérir le pouvoir, mais elle sera la preuve du droit et de la mission d'un grand peuple. Alors la paix ne signifiera pas une noyade dans l'obscurité bourgeoise quotidienne, ni un retrait de la tension spirituelle de la lutte dans le combat, mais aura, au contraire, le sens d'un accomplissement de celle-ci.

C'est aussi, et à juste titre, que nous voulons faire nôtre à nouveau la profession de foi des anciens, si bien exprimée en ces termes : "Le sang des héros est plus saint que l'encre des sages et les prières des dévots". C'est précisément le fondement profond de la conception traditionnelle, selon laquelle les forces mystiques primordiales de la race sont à l'œuvre dans la "guerre sainte" bien plus fortes que les individus. Ces forces des origines créent les empires mondiaux et donnent à l'homme la "Paix victorieuse".

Julius Evola

LIGNES DIRECTRICES

1. L'ILLUSION DU PROGRÈS

Il est inutile de se bercer des illusions d'un faux optimisme : nous sommes à la fin d'un cycle. Depuis des siècles, d'abord imperceptiblement, puis avec le mouvement d'une masse dévalant une pente, se sont déroulés en Occident de nombreux processus qui ont détruit tout ordre humain normal et légitime, qui ont dénaturé jusqu'à la conception la plus haute de la vie, de l'action, de la connaissance et du combat. Cette chute, sa rapidité et son aspect vertigineux, on l'a appelée "progrès". Et c'est à ce "progrès" que l'on a dédié hymnes et louanges, et que l'on a entretenu l'illusion que cette civilisation - civilisation de la matière et des machines - était la civilisation par excellence, à laquelle toute l'histoire antérieure du monde avait été prédestinée : les conséquences finales de ce processus ont été telles qu'elles ont provoqué, chez certains, un sursaut.

Nous savons où, et sous quels symboles, on a tenté d'organiser les forces d'une éventuelle résistance. D'une part, une nation qui, depuis son unification, n'avait connu que le climat médiocre du libéralisme, de la démocratie et de la monarchie constitutionnelle - l'Italie - a eu l'audace de reprendre le symbole de Rome comme base d'une nouvelle conception politique et d'un nouvel idéal de virilité et de dignité. D'autre part, dans une autre nation qui, au Moyen Age, avait fait sien le principe romain de l'Imperium - l'Allemagne - des forces similaires se sont réveillées pour réaffirmer le principe d'autorité et la primauté de toutes les valeurs qui plongent leurs racines dans le sang, la race et les instincts les plus profonds d'une lignée. Et tandis que dans d'autres nations européennes certains groupes évoluaient dans la même direction, une troisième force s'alignait sur le même champ de bataille sur le continent asiatique : la nation des samouraïs, dans laquelle l'adoption des formes extérieures de la civilisation moderne n'avait pas entamé la loyauté à une tradition guerrière, centrée sur le symbole de l'empire solaire de droit divin.

Dans ces courants, la distinction entre l'essentiel et l'accessoire n'était pas toujours claire, les idées n'étaient pas suffisamment convaincues et qualifiées par les gens, et certaines influences des forces mêmes qu'il fallait combattre n'étaient pas surmontées. Le processus de purification idéologique aurait pu avoir lieu à un stade ultérieur, une fois que certains problèmes politiques immédiats et urgents auraient été résolus. Mais même ainsi, il était clair qu'une concentration de forces se dessinait en défiant ouvertement la civilisation dite "moderne", tant pour les démocraties héritées de la Révolution française que pour l'incarnation de la limite extrême de la dégradation de l'homme occidental : la civilisation collectiviste du quatrième pouvoir, la civilisation prolétarienne de l'homme-masse sans visage et anonyme. Les événements se sont précipités, la tension s'est accrue jusqu'à l'affrontement armé des forces en présence. Ce qui a prévalu, c'est la puissance brute d'une coalition qui n'a pas reculé devant une alliance hybride d'intérêts et la mobilisation idéologique hypocrite pour écraser un monde qui se levait et tentait d'affirmer son droit. Que nos hommes aient été ou non à la hauteur de leur tâche, que des erreurs aient été commises en termes de timing, de préparation, de courage ? tout cela n'a pas d'importance. De même, nous ne sommes pas intéressés par le fait que l'histoire se venge des vainqueurs, ni par le fait que, par une sorte de justice immanente, les puissances démocratiques, après s'être alliées aux forces de la subversion rouge pour pousser la guerre jusqu'à l'extrême insensé de la capitulation sans condition et de la destruction totale, voient leurs alliés d'hier se retourner contre elles, un danger bien plus redoutable que celui qu'elles voulaient éviter [L'auteur se réfère à l'issue de la Seconde Guerre mondiale et au processus de la guerre froide. NdT].

La seule chose qui compte, c'est que nous nous trouvons aujourd'hui au milieu d'un monde en ruines. Et la question qu'il faut se poser est la suivante : y a-t-il encore des hommes debout au milieu de ces ruines ? et que doivent-ils ou peuvent-ils encore faire ?

2. POLITIQUE ET MÉTAPOLITIQUE

Il est clair que les vainqueurs et les vaincus sont depuis lors sur le même plan et que le seul résultat de la Seconde Guerre mondiale a été de réduire l'Europe au statut d'objet de puissances et d'intérêts extra-européens. Il faut aussi reconnaître que la dévastation qui nous entoure est essentiellement de nature morale. Nous nous trouvons dans une atmosphère d'anesthésie morale généralisée, de déracinement profond, malgré tous les mots d'ordre en usage dans une société démocratique de consommation : affaiblissement du caractère et de toute dignité véritable, marasme idéologique, prédominance des intérêts les plus bas, vie de tous les jours, voilà ce qui caractérise, en général, l'homme de l'après-guerre. Reconnaître cela, c'est aussi reconnaître que le problème principal, l'origine de tout autre problème, est d'ordre intérieur : se révolter, renaître intérieurement, se donner une forme, créer en soi un ordre et une justice. Ceux qui, aujourd'hui encore, se font des illusions sur les possibilités d'une lutte purement politique et sur la puissance de telle ou telle formule ou de tel ou tel système, n'ont rien appris des leçons du passé récent s'ils ne partent pas, avant tout, d'une nouvelle qualité humaine. C'est un principe qui, aujourd'hui plus que jamais, devrait être absolument évident : si un État a un système politique ou social qui, en théorie, est le plus parfait, mais dans lequel la substance humaine est déficiente, cet État descendra tôt ou tard au niveau des sociétés les plus basses, tandis que, au contraire, un peuple, une race capable de produire des hommes vrais, des hommes à l'intuition juste et à l'instinct sûr, atteindra un haut niveau de civilisation et résistera aux épreuves les plus dures et les plus calamiteuses, même si son système politique est déficient ou imparfait. Il faut donc s'opposer avec précision au faux "réalisme politique", qui ne pense qu'en termes de programmes, de problèmes, d'organisation des partis, de prescriptions sociales et économiques. Tout cela est contingent et nullement essentiel. Ce qui peut encore être sauvé dépend, au contraire, de l'existence ou non d'hommes qui vivent non pas pour prêcher des formules, mais pour être des exemples ; non pas pour répondre à la démagogie et au matérialisme des masses, mais pour éveiller des formes différentes de sensibilité et d'intérêt. Il s'agit de construire un homme nouveau à partir de ce qui, malgré tout, survit encore parmi les ruines, de l'animer grâce à un certain esprit et à une vision adéquate de la vie, de le fortifier par une adhésion indéfectible à certains principes. Tel est le vrai problème.

3. L'ESPRIT LÉGIONNAIRE

Sur le plan spirituel, il y a bien quelque chose qui peut servir d'orientation aux forces de résistance et de soulèvement : c'est l'esprit légionnaire. C'est l'attitude de ceux qui ont su choisir le chemin le plus difficile, de ceux qui ont su se battre tout en sachant que la bataille était matériellement perdue, de ceux qui ont su faire revivre et valider les mots de l'ancienne devise : "La fidélité est plus forte que le feu", par laquelle s'affirme l'idée traditionnelle que le sens de l'honneur et de la honte, et non les maigres mesures tirées de petites déclarations moralisatrices, crée une différence substantielle et existentielle entre les êtres, presque comme entre une race et une autre. D'autre part, dans tout cela, la réalisation de ceux pour qui la fin apparaît comme un moyen et la reconnaissance du caractère illusoire des multiples mythes laissent intact ce qu'ils ont pu conquérir pour eux-mêmes, aux frontières de la vie et de la mort, au-delà du monde de la contingence. Ces formes de l'esprit peuvent constituer les fondements d'une nouvelle unité. L'essentiel est de les reprendre, de les appliquer et de les étendre du temps de la guerre au temps de la paix, de cette paix qui n'est qu'une trêve et un désordre mal contenu, jusqu'à la détermination d'une nouvelle discrimination et d'un nouveau front de bataille en formation. Cela doit se faire en des termes bien plus essentiels que ceux d'un "parti", qui ne peut être qu'un instrument contingent en prévision de certaines luttes politiques ; en des termes plus essentiels encore que ceux que représente un simple "mouvement", si par "mouvement" on n'entend qu'un phénomène de masse et d'agrégation, un phénomène quantitatif plutôt que qualitatif, fondé davantage sur des facteurs émotionnels que sur une adhésion sévère et franche à une idée. Il s'agit plutôt d'une révolution silencieuse d'origine profonde ; cette révolution doit résulter de la création, à l'intérieur de l'individu, des prémisses d'un ordre qui devra ensuite s'affirmer aussi à l'extérieur ; il supplantera alors, au moment opportun, de façon fulgurante les formes et les forces d'un monde de décadence et de subversion. Le "style" qui doit prévaloir est celui de celui qui se tient sur des positions de fidélité à soi-même et à une idée, dans un profond recueillement ; ce style naît du refus du compromis, dans un engagement total qui doit se manifester non seulement dans la lutte politique mais aussi dans toutes les expressions de l'existence : dans les usines, les laboratoires, les universités, les rues, dans la maîtrise personnelle des affections et des sentiments. Il faut atteindre le point où le type humain dont nous parlons, qui doit être la substance cellulaire de nos troupes en formation, soit reconnaissable, impossible à confondre, différencié, et que l'on puisse dire de lui : "Voilà quelqu'un qui agit comme un homme du mouvement".

Ce slogan, typique des forces qui ont rêvé de donner à l'Europe un nouvel ordre, mais qui a été souvent déformé et entravé dans sa réalisation par de nombreux facteurs, doit être repris aujourd'hui. Au fond, les conditions sont meilleures aujourd'hui, parce qu'il n'y a pas de malentendus et qu'il suffit de regarder autour de soi, de la rue au parlement, pour que les vocations soient mises à l'épreuve et que l'on mesure bien ce que l'on "ne doit pas" être. Face à un monde pourri dont le principe est : "fais ce que tu veux", ou "d'abord l'estomac, ensuite la peau (si souvent cité par Curzio Malaparte), puis la morale", ou "ce n'est pas le moment de se payer le luxe du caractère", ou enfin : "j'ai une famille à nourrir", nous opposons cette règle de conduite claire et ferme : "nous ne pouvons pas agir autrement, c'est notre façon, c'est notre façon d'être". Tout ce qui peut être réalisé de positif aujourd'hui ou demain ne le sera jamais par l'habileté des agitateurs et des politiciens, mais par le prestige naturel et la reconnaissance des hommes de la génération précédente ou, mieux encore, des nouvelles générations, des hommes qui seront capables de tout cela et qui apporteront une garantie en faveur de leur idée.

4. POUR UNE NOUVELLE ARISTOCRATIE

C'est donc une nouvelle substance qui doit s'affirmer, remplaçant celle pourrie et déviante, créée dans le climat de trahison et de défaite, par une lente avancée au-delà des schémas, des rangs et des positions sociales du passé. C'est une nouvelle figure que nous devons garder sous les yeux pour pouvoir mesurer notre propre force et notre vocation. Cette figure, il est important et fondamental de le reconnaître, n'a rien à voir avec les classes en tant que catégories sociales et économiques, ni avec les antagonismes qui y sont liés. Cette figure peut se manifester sous la forme du riche comme du pauvre, de l'ouvrier comme de l'aristocrate, de l'entrepreneur comme du chercheur, du technicien, du théologien, de l'agriculteur, de l'homme politique au sens strict du terme. Mais cette nouvelle substance connaîtra une différenciation interne et parfaite quand il n'y aura plus de doute sur les vocations à suivre et sur les fonctions d'obéissance et de commandement, quand le symbole le plus pur de l'autorité absolue régnera au centre des nouvelles structures hiérarchiques.

Cela définit une orientation aussi anti-bourgeoise qu'anti-prolétarienne, une orientation totalement libérée des contaminations démocratiques et des mensonges "sociaux", et donc orientée vers un monde clair, viril, articulé, fait par les hommes et par les meneurs d'hommes. Nous méprisons le mythe bourgeois de la "sécurité", de la petite vie standardisée, conformiste, domestiquée et "moralisée". Nous méprisons le lien anodin de tout système collectiviste et mécaniste et de toutes les idéologies qui donnent aux valeurs "sociales" confuses la primauté sur les valeurs héroïques et spirituelles, par lesquelles le type de l'homme véritable, de la personne absolue, doit être défini dans tous les domaines. Il y aura quelque chose d'essentiel lorsque se réveillera l'amour d'un style d'impersonnalité active, dans lequel c'est l'œuvre et non l'individu qui compte, dans lequel nous sommes capables de considérer comme importants non pas nous-mêmes, mais la fonction, la responsabilité, la tâche acceptée, l'objectif poursuivi. Là où cet esprit est affirmé, de nombreux problèmes économiques et sociaux seront simplifiés, qui resteraient insolubles s'ils étaient abordés de l'extérieur, sans l'élimination préalable de l'infection idéologique qui, dès le départ, empêche tout retour à la normalité et même la perception de ce que signifie la normalité.

5. LES LIENS DE LA DÉCADENCE

Non seulement comme orientation doctrinale, mais aussi par rapport au monde de l'action, il importe que les hommes alignés sur le nouveau front reconnaissent exactement l'enchaînement des causes et des effets et l'indispensable continuité du courant qui a donné vie aux diverses formes politiques qui se débattent aujourd'hui dans le chaos des partis. Libéralisme, démocratie, socialisme, radicalisme, enfin communisme ou bolchevisme ne sont apparus historiquement que comme des degrés d'un même mal, comme des étapes qui ont successivement préparé le processus d'une chute. Le début de cette chute se situe au moment où l'homme occidental a rompu ses liens avec la tradition, a ignoré tous les symboles supérieurs d'autorité et de souveraineté, a revendiqué pour lui-même, en tant qu'individu, une liberté vaine et illusoire, est devenu un atome au lieu d'une partie intégrante de l'unité organique et hiérarchique d'un tout. L'atome devait finalement se heurter à la masse des atomes restants, des autres individus, et sombrer dans le domaine de la quantité, du simple nombre, de la masse matérialisée, n'ayant d'autre dieu que l'économie souveraine. Et ce processus ne s'arrête pas à mi-chemin. Sans la révolution française, le libéralisme et la révolution bourgeoise, le constitutionnalisme et la démocratie n'auraient pas vu le jour ; sans la démocratie, ni le socialisme, ni le nationalisme démagogique n'auraient vu le jour ; sans la préparation du socialisme, ni le radicalisme, ni finalement le communisme n'auraient vu le jour. Le fait que ces formes apparaissent aujourd'hui solidaires ou antagonistes ne doit pas empêcher un oeil attentif de reconnaître que ces formes restent unies, imbriquées, se conditionnent mutuellement, et n'expriment que les différents degrés d'un même courant, d'une même subversion de l'ordre social normal et légitime. Ainsi, la grande illusion de notre temps est de croire que la démocratie et le libéralisme sont l'antithèse du communisme et ont le pouvoir de contrecarrer la vague des forces les plus basses, de ce que l'on appelle dans le jargon du jour le mouvement "progressiste". C'est une illusion : c'est comme si l'on disait que le crépuscule est l'antithèse de la nuit, que le degré naissant d'un mal est l'antithèse de sa forme aiguë et endémique, qu'un poison dilué est l'antithèse de ce même poison à l'état pur et concentré. Les gouvernants de cette Italie "libérée" n'ont rien appris de l'histoire la plus récente, dont les leçons ont été répétées partout jusqu'à la monotonie, et continuent leur jeu mouvant avec des conceptions politiques dépassées et vaines dans un carnaval parlementaire, comme une danse macabre sur un volcan endormi. Pour nous, en revanche, le courage de la radicalité, le "non" à la décadence politique sous toutes ses formes, qu'elles soient de gauche ou d'une prétendue droite, doit être caractéristique. Et surtout, nous devons être conscients qu'il n'y a pas de compromis possible avec la subversion, que faire des concessions aujourd'hui, c'est se condamner et être complètement dépassé demain. L'intransigeance de l'idée, donc, et la rapidité d'avancer avec des forces pures au moment opportun. Cela implique, bien sûr, de se débarrasser de la distorsion idéologique, malheureusement répandue dans une grande partie de notre jeunesse, et sur la base de laquelle sont approuvés des alibis qui visent des destructions déjà accomplies, tout en maintenant l'illusion que ces destructions sont, après tout, nécessaires et qu'elles serviront le "progrès" ; on croit qu'il faut lutter pour tout ce qui est "nouveau", caché dans un avenir indéterminé, et non pour les vérités que nous possédons déjà, parce que ces vérités, bien que sous des formes d'application diverses, ont toujours et partout servi de base à tout type d'organisation sociale et politique juste. Refusez ces caprices et moquez-vous de ceux qui vous accusent d'être "anti-historiques" et "réactionnaires". L'histoire n'existe pas comme une entité mystérieuse écrite avec une majuscule. Ce sont les hommes, pour autant qu'ils soient vraiment des hommes, qui font et défont l'histoire ; le prétendu "historicisme" est à peu près la même chose que ce qu'on appelle "progressisme" dans les milieux de gauche, et qui aujourd'hui ne fait qu'encourager la passivité face au courant de plus en plus fort qui pousse toujours vers le bas. Et pour ce qui est du "réactionnarisme", demandez-vous : voulez-vous que nous ne réagissions pas pendant que vous agissez, détruisant et profanant, mais que nous restions là à regarder et, plus encore, que nous vous encouragions en vous disant : bravo, continuez ? Nous ne sommes pas réactionnaires, parce que le mot n'est pas assez fort et, surtout, parce que nous partons du positif, nous représentons les valeurs positives, réelles et originales qui n'ont besoin d'aucun "soleil du futur" [référence au slogan du parti socialiste italien].

Face à ce radicalisme, l'antithèse entre l'"Est" et l'"Ouest", entre l'"Est" rouge et l'"Ouest" démocratique, semble sans objet, et même un éventuel conflit armé entre ces deux blocs semble tragiquement sans objet. Dans l'immédiat, le choix du moindre mal reste certes clair, car la victoire militaire de l'"Est" signifierait la destruction physique immédiate des derniers représentants de la résistance. Mais idéologiquement, la Russie et l'Amérique du Nord doivent être considérées comme les deux griffes d'une même tenaille qui se resserre autour de l'Europe. C'est sous ces deux formes distinctes mais convergentes que ces forces étranges et hostiles sont à l'œuvre. Les formes de standardisation, de conformisme, de nivellement "démocratique", de frénésie productive, de "brain trust" plus ou moins tyrannique et explicite, de matérialisme pratique au sein de l'américanisme, ne peuvent que préparer la voie à la phase ultérieure, qui est représentée, dans la même direction, par l'idéal purement communiste de l'homme-masse. Le caractère distinctif de l'"américanisme" est de s'attaquer à la qualité et à la personnalité, non pas par la contrainte brutale d'une dictature marxiste et d'une pensée d'État, mais presque spontanément, par les voies d'une civilisation qui ne connaît pas de valeurs plus élevées que la richesse, le rendement, la production illimitée, ce que l'Europe a choisi par exaspération et par réduction à l'absurde, et dans laquelle les mêmes motifs ont pris corps ou prennent corps. Mais le primitivisme, le mécanisme et la brutalité sont aussi bien dans un lieu que dans l'autre. En un sens, l'"américanisme" est plus dangereux que le bolchevisme, car il est une sorte de cheval de Troie. Lorsque l'attaque contre les valeurs résiduelles de la tradition européenne est menée sous la forme directe et nue de l'idéologie bolchevique et stalinienne, elle suscite encore des réactions, certaines lignes de résistance qui, bien que dépassées, peuvent être maintenues. Il n'en va pas de même lorsque le même mal agit sous une forme plus subtile et que les transformations s'opèrent imperceptiblement au niveau des mœurs et de la conception générale de la vie, comme dans le cas de l'américanisme. Sous l'influence de la liberté démocratique, l'Europe est prédisposée à son abdication finale, à tel point qu'il se peut même qu'elle n'ait pas besoin d'une catastrophe militaire, mais qu'après une ultime crise sociale, elle arrive à peu près au même point par des moyens "progressifs". Là encore, rien ne peut arrêter la moitié du chemin. L'américanisme, qu'il le veuille ou non, joue en faveur de son ennemi apparent, le collectivisme.

6. CONTRE LA PRIMAUTÉ DE L'ÉCONOMIE

Notre radicalisme de reconstruction exige que nous ne transigions pas, non seulement avec toutes les variétés de l'idéologie marxiste ou socialiste, mais aussi avec ce que l'on peut généralement appeler l'hallucination ou le démonisme de l'économie. C'est l'idée que dans la vie individuelle et collective, le facteur économique est le plus important, le plus réel et le plus décisif ; que la concentration des valeurs et des intérêts sur le plan économique et productif n'est pas l'aberration sans précédent de l'homme occidental moderne, mais quelque chose de normal, pas une nécessité brutale et éventuelle, mais quelque chose de désiré et d'exalté. Le capitalisme et le marxisme sont enfermés dans ce cercle fermé et sombre. Nous devons briser ce cercle. Tant que nous ne parlerons que de classes économiques, de travail, de salaires, de production, tant que nous penserons que le véritable progrès humain, la véritable élévation de l'individu, n'est conditionné que par un système particulier de distribution des richesses et des biens et qu'il est lié à la pauvreté et au bien-être, à l'état de prospérité ou au socialisme utopique, nous resterons toujours sur le plan de ce qui doit être combattu. Nous affirmons que tout ce qui relève de l'économie et de l'intérêt économique en tant que simple satisfaction d'un besoin animal, a eu, a et aura toujours une fonction subalterne dans une humanité normale ; Qu'au-delà de cette sphère, il faut différencier un ordre de valeurs supérieures, politiques, spirituelles et héroïques, un ordre qui - comme nous l'avons déjà dit - ne connaît pas et n'admet même pas les "prolétaires" ou les "capitalistes", et que c'est seulement sur la base d'un tel ordre que doivent être définies les choses pour lesquelles il vaut la peine de vivre et de mourir ; un ordre qui doit établir une véritable hiérarchie, différencier de nouvelles dignités et, au sommet, introniser la fonction supérieure de commandement, de l'Imperium. Que signifient ces appels plus ou moins explicites à une involution de la politique dans l'économie, reprenant ainsi une de ces tendances problématiques vers un "corporatisme intégral" et, au fond, acéphale, qui, heureusement, a déjà été bloqué dans le fascisme, et que signifient ces discours sur l'"État du travail", le "socialisme national", l'"humanisme du travail" et d'autres choses semblables ? Que signifie le fait de considérer la formule de la "socialisation" comme une sorte de médicament universel et d'élever l'"idée sociale" au rang de symbole d'une nouvelle civilisation qui, on ne sait comment, devrait se situer au-delà de l'"Est" et de l'"Ouest" ? Ces points obscurs sont présents - il faut bien le reconnaître - chez plus d'un esprit qui se trouve aussi sur notre propre front. Ils croient s'en tenir à un slogan "révolutionnaire", alors qu'en réalité ils ne font qu'obéir à des suggestions plus fortes qu'eux, qui saturent un environnement politique dégradé. Et parmi ces suggestions, il y a la "question sociale" elle-même. Quand prendra-t-on conscience de la vérité, à savoir que le marxisme n'est pas né parce qu'une question sociale objective a existé, mais que la question sociale ne se pose - dans de très nombreux cas - que parce que le marxisme existe, c'est-à-dire artificiellement, et pourtant en des termes presque toujours insolubles, par le travail d'agitateurs (les fameux "excitateurs de conscience de classe") au sujet desquels Lénine s'est exprimé très clairement, en réfutant le caractère spontané des mouvements révolutionnaires prolétariens ?

Sur la base de cette prémisse, des mesures devraient être prises dans le sens susmentionné de la déprolétarisation idéologique et de la désinfection des parties encore saines du peuple du virus politique socialiste. Ce n'est qu'alors que les deux réformes pourront être envisagées et mises en œuvre en toute sécurité et dans le respect de la justice. Il est également nécessaire d'évaluer l'idée corporatiste et de voir si elle peut être l'une des bases du processus de reconstruction : Nous entendons par corporatisme, non pas tant un système général d'équilibre statique et quasi bureaucratique qui entretient l'idée néfaste d'oppositions de classes, mais la volonté de retrouver, au sein même de l'entreprise, cette unité, cette solidarité de forces différenciées que la prévarication capitaliste (avec le type plus récent et parasitaire du spéculateur et du capitaliste financier), d'une part, et l'agitation marxiste, d'autre part, ont abîmées et brisées. Il est nécessaire de restaurer dans l'entreprise une forme d'unité quasi-militaire, où l'esprit de responsabilité, l'énergie et la compétence du dirigeant s'accompagnent de la solidarité et de la loyauté des forces de travail associées autour de lui dans l'entreprise ou la mission commune. Si l'on considère son aspect légitime et positif, c'est le sens de la "socialisation". Mais cette appellation, on le voit, est impropre, car c'est plutôt de reconstruction organique de l'économie et de l'entreprise qu'il faut parler, et il faut se garder, en utilisant cette formule à des fins de simple propagande, de flatter l'esprit de sédition des masses transformées en "justice sociale" prolétarienne. Le seul objectif réel est la reconstruction organique de l'entreprise, et pour réaliser cet objectif il n'est pas nécessaire de recourir à des formules destinées à stimuler, dans le cadre de sales manœuvres électorales et de propagande, l'esprit de sédition des masses déguisé en "justice sociale". En général, il faut restaurer le même style d'impersonnalité active, de dignité, de solidarité dans la production, qui était le style des anciennes guildes ou corporations d'artisans et de professionnels. Le syndicalisme avec sa "lutte" et son véritable chantage, dont nous n'avons que trop d'exemples aujourd'hui, doit être proscrit. Mais, répétons-le, cela doit se faire de l'intérieur. L'important est que, contre toute forme de ressentiment et de rivalité sociale, chacun reconnaisse et aime sa propre fonction, celle qui est vraiment conforme à sa propre nature, reconnaissant ainsi les limites dans lesquelles il peut développer ses potentialités et atteindre sa propre perfection ; car un artisan qui remplit parfaitement sa fonction est incontestablement supérieur à un roi qui dévie et n'est pas à la hauteur de sa dignité.

En particulier, on peut admettre un système de compétences techniques et de représentations corporatives pour remplacer le parlementarisme des partis ; mais il faut tenir compte du fait que les hiérarchies techniques, prises dans leur ensemble, ne peuvent signifier qu'un degré dans la hiérarchie intégrale : elles renvoient à l'ordre des moyens, qui doit être subordonné à l'ordre des fins, auquel correspond donc la partie proprement politique et spirituelle de l'État. Parler d'"État du travail" ou de "production", c'est donc faire de la partie un tout et réduire, par analogie, un organisme humain à ses fonctions purement physiques et vitales. Un choix aussi obscur et obtus ne peut être notre bannière, pas plus que l'idée sociale. La véritable antithèse, que ce soit à l'"Est" ou à l'"Ouest", n'est pas l'"idéal social". C'est plutôt l'idée hiérarchique intégrale. À cet égard, aucune incertitude n'est tolérable.

7. L'IDÉE ORGANIQUE

Si l'idée d'une unité politique virile et organique était déjà un élément essentiel du monde vaincu - et l'on sait que, parmi nous, le symbole romain a été à nouveau évoqué - il faut aussi reconnaître les cas où cette exigence a été détournée et dévoyée dans la mauvaise direction du "totalitarisme". C'est là encore un point qu'il faut bien voir, pour que la différence entre les fronts soit précise et que l'on ne fournisse pas d'armes à ceux qui voudraient brouiller les pistes. La hiérarchie n'est pas le hiérarchisme (un mal qui, malheureusement, tente de se répandre de nos jours), et la conception organique n'a rien à voir avec une sclérose de l'idolâtrie de l'État ou avec une centralisation niveleuse. En ce qui concerne les individus, le véritable dépassement de l'individualisme et du collectivisme ne se produit que lorsque les hommes rencontrent les hommes dans la diversité naturelle de leur être et de leur dignité, et l'ancien principe selon lequel "la noblesse suprême des chefs n'est pas d'être les maîtres des serviteurs, mais des maîtres qui aiment aussi la liberté de ceux qui leur obéissent" est d'une grande importance. Quant à l'unité qui doit, en règle générale, empêcher toute forme de dissociation et d'absolutisation du particulier, elle doit être essentiellement spirituelle, elle doit être et avoir une influence directrice centrale, une impulsion qui, selon les domaines, prend les formes d'expression les plus diverses. Telle est la véritable essence de la conception "organique", par opposition aux relations rigides et intrinsèques caractéristiques du "totalitarisme". Dans ce cadre, l'exigence de liberté et de dignité de la personne humaine, que le libéralisme ne sait concevoir qu'en termes individualistes, égalitaires et privés, peut être pleinement réalisée. C'est dans cet esprit que doivent être étudiées les structures d'un nouvel ordre politique et social, avec des articulations solides et claires.

Mais ces structures ont besoin d'un centre, d'un point de référence suprême. Il faut un nouveau symbole de souveraineté et d'autorité. Le slogan à cet égard doit être précis, car nous ne pouvons pas permettre de distorsions idéologiques. Il faut dire clairement qu'il ne s'agit pas du soi-disant problème institutionnel, mais seulement de façon subordonnée ; il s'agit surtout de ce qui est nécessaire pour obtenir une "atmosphère" spécifique qui rende possible la fluidité qui doit animer chaque relation de fidélité, de dévouement, de service, d'action désintéressée, jusqu'à ce que le monde politique et social actuel, gris, mécaniste et tordu, soit vraiment dépassé. Sur ce chemin, aujourd'hui, nous aboutissons à une impasse si nous ne sommes pas capables d'assumer une sorte d'ascèse de l'idée pure. Pour beaucoup, la perception claire de la bonne direction est entravée à la fois par l'arrière-plan malheureux de nos traditions nationales et par les contingences tragiques du passé récent. Nous sommes prêts à admettre l'incohérence de la solution monarchique, si nous pensons à ceux qui, aujourd'hui, ne savent défendre qu'un résidu d'idée, un symbole vide et dilué, comme celui de la monarchie constitutionnelle et parlementaire. Mais, de la même manière, nous devons affirmer notre rejet de l'idée républicaine. Être anti-démocratique d'une part, et d'autre part défendre "farouchement" (telle est malheureusement la terminologie de certains tenants d'une fausse intransigeance) l'idée républicaine est une absurdité qui saute aux yeux : la république (dans sa représentation moderne, car les anciennes républiques étaient des aristocraties - comme à Rome - ou des oligarchies, ces dernières ayant souvent le caractère de tyrannies) appartient essentiellement au monde qui a émergé après le jacobinisme et la subversion anti-traditionnelle et anti-hiérarchique du 19ème siècle. Laissons-le donc à ce monde, qui n'est pas le nôtre. Quant à l'Italie, il est inutile de jouer le jeu de l'équivoque au nom d'une prétendue fidélité au fascisme de Salò, car si, pour cette raison, on suivait la fausse voie républicaine, on serait infidèle à quelque chose de plus élevé, on jetterait par-dessus bord le noyau central de l'idéologie du Ventenio, c'est-à-dire sa doctrine de l'État comme autorité, pouvoir, imperium.

C'est la doctrine qu'il faut suivre, sans concession pour abaisser le niveau ou faire le jeu de quelque groupe que ce soit. Pour l'instant, le symbole peut être laissé indéterminé. Dites seulement : Chef, Chef d'État. En dehors de cela, le devoir principal et essentiel est de préparer tranquillement l'environnement spirituel adéquat pour que le symbole de l'autorité intangible soit perçu et reprenne tout son sens : à un tel symbole ne saurait correspondre la stature d'un quelconque "président" de la république révocable, ni même d'un tribun ou d'un chef populaire, détenteur d'un simple pouvoir individuel informe, dépourvu d'un charisme supérieur, d'un pouvoir fondé en fait sur la fascination précaire qu'il exerce sur les forces irrationnelles de la masse. Ce phénomène, appelé par certains "bonapartisme", a été interprété à juste titre, non pas comme le contraire de la démocratie démagogique ou "populaire", mais comme sa conclusion logique : le "bonapartisme" est l'une des sombres manifestations de la "décadence de l'Occident" spenglérienne. C'est là une autre pierre de touche et un autre test pour notre propre sensibilité à tout cela. Un Carlyle avait déjà parlé du "monde des serviteurs qui veulent être gouvernés par un pseudo-héros", et non par un Lord.

8. LA PATRIE DE L'IDÉE

Dans le même ordre d'idées, un autre point doit être clarifié. Il s'agit de la position à adopter vis-à-vis du nationalisme et de l'idée générique de patrie. Cela est d'autant plus opportun que beaucoup, pour tenter de sauver ce qui peut l'être, voudraient rétablir une conception romantique, sentimentale et en même temps naturaliste de la nation, une idée étrangère à la plus haute tradition politique européenne et difficilement conciliable avec la même conception de l'État que nous avons déjà mentionnée. Outre le fait que l'idée de la patrie est invoquée parmi nous, de façon rhétorique et hypocrite, par les factions les plus opposées, et même par les représentants de la subversion rouge, concrètement, cette conception n'est pas en accord avec notre temps, car, d'une part, nous assistons à la formation de grands groupes politiques puissants, et, d'autre part, nous assistons à la formation du grand mouvement nationaliste du pays, D'autre part, il devient de plus en plus nécessaire de trouver un point de référence européen capable d'unir les forces au-delà de l'inévitable particularisme inhérent à la conception naturaliste de la nation et, plus encore, du "nationalisme". Mais plus essentielle est la question des principes. Le plan politique, en tant que tel, est celui des unités supérieures par rapport aux unités définies en termes naturalistes, telles que celles correspondant aux notions génériques de nation, de patrie et de peuple. Sur ce plan supérieur, ce qui unit et divise, c'est l'idée, une idée incarnée par une certaine élite qui tend à se concrétiser dans l'État. C'est pourquoi la doctrine fasciste - fidèle à la meilleure tradition politique européenne - donne à l'Idée et à l'État la primauté sur la nation et le peuple, et considère que la nation et le peuple n'acquièrent un sens et une forme et ne participent à un degré supérieur d'existence qu'au sein de l'État. C'est précisément dans les périodes de crise comme celle que nous traversons aujourd'hui qu'il est nécessaire de s'en tenir à cette doctrine. Notre véritable patrie doit être reconnue dans l'Idée. Ce qui compte aujourd'hui, ce n'est pas le fait d'appartenir à la même terre ou de parler la même langue, mais le fait de partager la même idée. C'est la base, le point de départ. A l'unité collectiviste de la nation - *les enfants de la patrie* - *sous la* forme qui prédomine de plus en plus depuis la révolution jacobine, nous opposons quelque chose qui ressemble à un Ordre, des hommes fidèles à des principes, témoins d'une autorité supérieure et d'une légitimité qui vient précisément de l'Idée. Même s'il est souhaitable aujourd'hui, sur le plan pratique, d'aller vers une nouvelle solidarité nationale, il ne faut pas, pour y parvenir, en arriver à un quelconque compromis ; la condition sans laquelle tout résultat serait illusoire est qu'un front défini par l'Idée, en tant qu'idée politique et vision de l'existence, s'isole et prenne forme. Aujourd'hui, il n'y a pas d'autre voie : il faut que, parmi les ruines, se renouvelle le processus des origines, celui qui, à partir des élites et d'un symbole de souveraineté et d'autorité, a fait s'unir les peuples au sein des grands États traditionnels, comme autant de formes émergeant de l'informe. Il ne faut pas comprendre que ce réalisme de l'idée signifie rester à un niveau qui est, au fond, infrapolitique : le niveau du naturalisme et du sentimentalisme, pour ne pas dire clairement celui de la rhétorique patriotique.

Et si l'on veut aussi s'appuyer sur les traditions nationales, il faut faire attention, car il existe toute une "histoire nationale" d'inspiration maçonnique et anti-traditionnelle qui se spécialise dans l'attribution du caractère national italien aux aspects les plus problématiques de l'histoire italienne, en commençant par la rébellion des Communes soutenue par le Guelfisme. De cette manière, on met en évidence une "italianité" tendancieuse dans laquelle nous, qui avons choisi le symbole romain, ne pouvons et ne voulons pas nous reconnaître. Nous laissons volontiers cette "italianité" à ceux qui, avec la "libération" et le mouvement partisan, ont célébré le "second Risorgimento". Idée, Ordre, élite, État, hommes d'Ordre. Tels sont les termes dans lesquels la ligne fondamentale doit être maintenue, aussi longtemps que possible.

9. VISION DU MONDE ET MYTHES MODERNES

Il faut maintenant parler du problème de la culture. En effet, la culture ne doit pas être surévaluée. Ce que nous appelons "vision du monde" ne repose pas sur des livres ; c'est une forme intérieure qui peut être trouvée de manière plus authentique chez une personne sans culture particulière que chez un "intellectuel" ou un écrivain. On peut imputer à la "culture libre", accessible à tous, le fait que l'individu soit sans défense contre les influences de toutes sortes, même s'il n'est pas capable d'être actif face à elles, de discriminer et de juger selon un critère équitable.

Mais ce n'est pas le lieu de s'étendre sur ce point. Il suffit de dire que, dans l'état actuel des choses, il existe des courants spécifiques contre lesquels les jeunes d'aujourd'hui doivent se défendre intérieurement. Nous avons déjà parlé d'un style de droiture et d'une attitude intérieure. Un tel style implique une connaissance juste, et les jeunes en particulier doivent se rendre compte de l'intoxication opérée sur toute une génération par des variétés d'une vision déformée et fausse de l'existence, variétés qui ont empiété sur les forces intérieures précisément au moment où leur intégrité serait la plus nécessaire. D'une manière ou d'une autre, ces toxines agissent encore aujourd'hui dans la culture, dans la science, dans la sociologie, dans la littérature, comme autant de foyers d'infection qu'il faut dénoncer et neutraliser. Outre le matérialisme historique et l'économisme, déjà évoqués, le darwinisme, la psychanalyse, l'existentialisme et le néo-réalisme sont également des foyers d'infection importants.

Contre le darwinisme, il faut défendre la dignité fondamentale de la personne humaine, en lui reconnaissant sa véritable place, qui n'est pas celle d'une espèce animale particulière et plus ou moins évoluée parmi d'autres différenciées par la "sélection naturelle" et qui resterait liée à des origines animales et primitives, mais un statut qui l'élève virtuellement au-dessus du plan biologique. Bien que le darwinisme ne fasse plus beaucoup parler de lui aujourd'hui, sa substance perdure. Le mythe biologique darwiniste, dans l'une ou l'autre de ses variantes, conserve précisément sa valeur de dogme, défendu par les anathèmes de la "science" au sein du matérialisme de la civilisation marxiste et américaine. L'homme moderne s'est habitué à cette conception dégradée, il s'y reconnaît tranquillement et la trouve naturelle.

Contre la psychanalyse doit prévaloir l'idéal d'un Moi qui n'abdique pas, qui veut rester conscient, autonome et souverain face à la partie nocturne et souterraine de son âme et face au démon de la sexualité, qui ne se sent ni "refoulé" ni clivé psychologiquement, mais qui parvient à un équilibre de toutes ses facultés humaines, orienté vers la réalisation d'un sens supérieur de la vie et de l'action. Une convergence évidente peut être soulignée : le discrédit du principe conscient de la personne, l'accent mis par la psychanalyse et d'autres écoles similaires sur le subconscient, l'irrationnel, l'"inconscient collectif", etc., correspondent, dans l'individu, exactement à ce que représentent, dans le monde social et historique moderne, le mouvement d'en bas, la subversion, le remplacement révolutionnaire du supérieur par l'inférieur, et le mépris de tous les principes d'autorité. La même tendance est à l'œuvre sur deux plans différents, et les effets ne peuvent que s'intégrer réciproquement.

Quant à l'existentialisme, même si nous y voyons à proprement parler une philosophie confuse jusqu'à récemment réduite à de petits groupes de spécialistes, il faut y reconnaître l'état d'âme d'une crise érigée en système et flattée, la vérité d'un type humain brisé et contradictoire, qui subit comme une angoisse, une tragédie et une absurdité une liberté devant laquelle il ne se sent pas élevé, mais plutôt condamné, sans issue et sans responsabilité, au cœur d'un monde privé de valeur et de sens. Tout cela, alors que le meilleur Nietzsche avait déjà indiqué une voie pour donner un sens à l'existence, pour se donner une loi et une valeur intangible face au nihilisme radical, pour trouver un existentialisme positif et, comme il le disait, une "noble nature". Telles doivent être les directions à suivre, qui ne doivent pas être intellectualisées, mais vécues, intégrées dans leur sens immédiat à la vie intérieure et à la conduite de chacun. Il n'est pas possible de se rebeller tant que l'on reste, d'une manière ou d'une autre, sous l'influence de ces modes de pensée faux et déviants. Mais, une fois désintoxiqué, on peut acquérir la clarté, la droiture, la force.

10. RÉALISME ET ANTI-BOURGEOISISME

Dans la zone entre culture et coutume, il y a une attitude à préciser. Lancé par le communisme, le slogan de l'anti-bourgeoisisme a été repris dans le domaine de la culture par certains milieux intellectuels "d'avant-garde". Il y a là un malentendu. La bourgeoisie occupant une position intermédiaire, il existe une double possibilité de la dépasser, de dire "non" au type bourgeois, à la civilisation bourgeoise, à l'esprit bourgeois et aux valeurs bourgeoises. L'une de ces possibilités correspond à la direction qui mène encore plus bas, vers une sous-humanité collectivisée et matérialisée, avec son "réalisme" marxiste : valeurs sociales et prolétariennes contre "décadence bourgeoise" et "décadence impérialiste". L'autre possibilité est la direction de ceux qui combattent la bourgeoisie pour s'élever effectivement au-dessus d'elle. Les hommes du nouveau front seront certes anti-bourgeois, mais par leur conception supérieure, héroïque et aristocratique de l'existence ; ils seront anti-bourgeois parce qu'ils mépriseront la vie confortable ; anti-bourgeois parce qu'ils suivront non pas ceux qui promettent des avantages matériels, mais ceux qui exigent tout d'eux-mêmes ; anti-bourgeois, enfin, parce qu'ils ne se préoccuperont pas de sécurité, mais aimeront l'union essentielle entre la vie et le risque, à tous les niveaux, en faisant leur l'inexorabilité de l'idée nue et de l'action précise. Un autre aspect par lequel l'homme nouveau, substance cellulaire du mouvement d'éveil, sera anti-bourgeois et se distinguera de la génération précédente, sera son rejet de toute forme de rhétorique et de faux idéalisme, son mépris pour tous les grands mots écrits avec une majuscule, pour tout ce qui n'est que geste, coup d'effet, scénographie. Le renoncement et l'authenticité au contraire, un nouveau réalisme dans l'appréciation exacte des problèmes qui seront imposés, de sorte que l'important ne sera pas l'apparence, mais l'être, pas le discours, mais la réalisation, silencieuse et précise, en harmonie avec les forces en présence et dans l'adhésion au mandat venu d'en haut.

Celui qui ne peut réagir contre les forces de gauche qu'au nom des idoles, du style de vie et du conformisme médiocre du monde bourgeois, a déjà perdu la bataille d'avance. Ce n'est pas le cas de l'homme debout, qui est passé par le feu purificateur des destructions extérieures et intérieures. Politiquement, cet homme n'est pas l'instrument d'une pseudo-réaction bourgeoise. Il se réfère, en règle générale, aux forces et aux idéaux qui ont précédé et dépassé le monde bourgeois et l'ère économique, et en s'appuyant sur eux, il trace des lignes de défense et consolide les positions d'où partira soudain, au moment opportun, l'action de reconstruction. Ici aussi, nous voudrions reprendre un slogan non réalisé : car on sait qu'à l'époque fasciste, il existait une tendance anti-bourgeoise qui aurait voulu s'affirmer dans un sens similaire. Malheureusement, là encore, la substance humaine n'était pas à la hauteur. Et il y eut même une rhétorique de l'anti-rhétorique.

11. VAINCRE L'ÉTAT LAÏC

Examinons brièvement, enfin, la question du rapport entre les forces qui ont conservé leur intégrité, qui n'ont pas abdiqué, et la religion dominante. Pour nous, l'État laïque, sous quelque forme que ce soit, appartient au passé. En particulier, nous nous opposons à l'un de ses déguisements qui, dans certains milieux, se présente comme l'"État éthique", produit d'une philosophie "idéaliste" faible, puérile, vide et confuse, autrefois alliée au fascisme, mais dont la nature est telle qu'elle peut fournir un appui comparable, dans le cadre d'un simple jeu "dialectique", à l'antifascisme d'un Croce. Cette philosophie n'est rien d'autre qu'un produit de la bourgeoisie laïque et humaniste, auquel s'ajoute la présomption de "libre-pensée" d'un "professeur de lycée" d'humeur à célébrer l'infinité de l'"Esprit absolu" et de l'"Acte pur" : il n'y a rien de réel, de clair ou de dur dans cette philosophie.

Mais si nous nous opposons à ces idéologies et à l'État laïque, nous n'acceptons pas non plus un État clérical ou cléricaliste. Le facteur religieux est nécessaire comme fondement d'une véritable conception héroïque de la vie, essentielle pour notre lutte. Il est nécessaire de sentir en soi l'évidence qu'il existe une vie supérieure au-delà de cette vie terrestre ; seul celui qui ressent cela possède une force inébranlable, et seul il sera capable d'un élan absolu - quand celui-ci fait défaut, le défi à la mort et le mépris de sa propre vie ne sont possibles que dans des moments sporadiques d'exaltation ou lors du déchaînement de forces irrationnelles ; il n'y a pas de discipline qui puisse se justifier, chez l'individu, sans un sens supérieur et autonome. Mais cette spiritualité, qui doit être vivante dans notre peuple, n'a pas besoin de formulations dogmatiques, ni d'une confession religieuse particulière ; le mode de vie à développer n'est nullement celui du moralisme catholique, qui ne va pas plus loin qu'une domestication "vertueuse" de l'animal humain.

Sur le plan politique, cette spiritualité ne peut que se méfier de tout ce qui découle de certains aspects de la conception chrétienne - humanitarisme, justice naturelle, égalité, idéal d'amour et de pardon au lieu de l'idéal d'honneur et de justice. Certes, si le catholicisme était capable de s'éloigner du niveau contingent et politique, s'il était capable de faire sienne une élévation ascétique et s'il était capable, sur cette base, dans la continuité de l'esprit des meilleurs croisés médiévaux, de faire de la foi l'âme du peuple, il ne peut que se méfier de tout ce qui découle de certains aspects de la conception chrétienne - humanitarisme, justice naturelle, égalité, idéal d'amour et de pardon au lieu de l'idéal d'honneur et de justice ; de faire de la foi l'âme d'un bloc de forces armées, d'un nouvel Ordre Templier compact et inexorable contre les courants de chaos, d'abandon, de subversion et de matérialisme pratique du monde moderne, et même si, comme condition minimale, le catholicisme restait fidèle à la position du Syllabus, alors il n'y aurait pas un instant de doute sur le choix à faire. Mais dans l'état actuel des choses, étant donné le niveau médiocre et, au fond, bourgeois et mesquin auquel est descendu pratiquement tout ce qui est religion confessionnelle, étant donné la soumission moderniste et l'ouverture toujours plus grande à la gauche de l'Église post-conciliaire de l'"aggiornamento", la pure référence à l'esprit suffira à nos hommes, et elle suffira précisément comme l'évidence d'une réalité transcendante, qui doit être invoquée non pas pour une dérobade mystique ou comme un alibi humanitaire, mais pour insuffler une force nouvelle à notre force, pour sentir que notre lutte n'est pas purement politique, pour dessiner une consécration invisible sur un nouveau monde d'hommes et de dirigeants d'hommes.

Il s'agit de quelques lignes directrices essentielles pour la lutte que nous allons mener, écrites spécialement pour les jeunes, afin qu'ils puissent reprendre le flambeau et le slogan de ceux qui n'ont pas encore renoncé, en apprenant des erreurs du passé, en sachant discriminer et prévoir tout ce qui a été vécu et qui est encore vécu aujourd'hui en termes de situations contingentes. L'essentiel est de ne pas s'abaisser au niveau des adversaires, de ne pas se limiter à suivre de simples slogans, de ne pas trop insister sur ce qui dépend du passé et qui, bien que digne d'être rappelé, n'a pas la valeur actuelle et impersonnelle d'une idée-force ; bref, de ne pas céder aux suggestions d'un faux réalisme politique, le problème de tous les "partis". Certes, il est nécessaire que nos forces participent à la lutte politique et polémique du corps à corps pour créer le plus d'espace possible dans la situation actuelle et contenir l'avancée des forces de gauche.

Mais au-delà, il est important et essentiel que se forme une élite qui, avec une intensité farouche, définira, avec une rigueur et une intransigeance intellectuelles absolues, l'idée sur la base de laquelle il faut s'unir, et affirmera cette idée avant tout sous la forme de l'homme nouveau, de l'homme de la résistance, de l'homme debout au milieu des ruines. S'il nous est donné de surmonter cette période de crise et d'ordre vacillant et illusoire, c'est seulement à ce type d'homme qu'appartiendra l'avenir. Mais même si le destin que le monde moderne s'est créé et qui balaie tout ne peut être contenu, grâce à de telles prémisses, les positions intérieures resteront intactes : en toutes circonstances, ce qui doit être fait sera fait, et nous appartiendrons ainsi à cette patrie qu'aucun ennemi ne pourra jamais occuper ni détruire.

Polémique sur la métaphysique hindoue

Julius Evola

NOTES SUR LA "DIVINITÉ" DE LA MONTAGNE
LA "DIVINITÉ" DE LA MONTAGNE

Dans un éditorial publié dans la revue C.A.I., S.E. Manaresi a souligné, avec des mots efficaces, un point sur lequel on ne saurait trop insister aujourd'hui : la nécessité de dépasser la double antithèse limitative, constituée d'une part par l'homme d'études, épuisé et séparé - dans sa "culture" faite de mots et de livres - des forces profondes du corps et de la vie ; d'autre part, par l'homme simplement sportif, développé dans une discipline simplement physique et athlétique, en bonne santé, mais privé de tout point de référence supérieur. Au-delà de l'unilatéralité de ces deux types, il s'agit aujourd'hui d'arriver à quelque chose de plus complet : un type dans lequel l'esprit se transforme en force et en vie, et la discipline physique, pour sa part, devient le canal, le symbole et nous dirions presque le "rite" de la discipline spirituelle. S.E. Manaresi a souvent eu l'occasion de dire que, parmi les différents sports, l'alpinisme est certainement celui qui offre les possibilités les plus vastes et les plus proches d'intégration du genre. En effet, la grandeur, le silence et la puissance des grandes montagnes inclinent naturellement l'esprit vers ce qui n'est pas exclusivement humain, elles amènent les meilleurs au point où l'ascension matérielle, dans tout ce qu'elle suppose de courage, de dépassement et de lucidité, et l'élévation intérieure deviennent des parties solidaires et inséparables d'une seule et même chose. Or, il peut être intéressant de noter que ces idées, qui commencent aujourd'hui à être mises en avant par des personnalités représentatives pour la bonne orientation des meilleures des nouvelles générations, s'inscrivent simultanément sur un fond de tradition très ancienne... sur quelque chose que l'on peut appeler "traditionnel", au sens le plus large du terme. Si les anciens ne connaissaient qu'exceptionnellement et sous une forme tout à fait rudimentaire l'alpinisme, ils n'en possédaient pas moins de la façon la plus vivante le sens sacré et symbolique de la montagne, et l'idée, en l'occurrence symbolique, de l'ascension de la montagne et de la résidence en montagne comme propre à des "héros", à des "initiés", à des êtres - en somme - qui étaient considérés comme ayant dépassé les limites de la vie commune et grise des "plaines".

Dans ces pages, une brève allusion à la conception traditionnelle de la divinité de la montagne, prise en dehors des symboles, dans son sens interne, ne sera donc pas inutile : car elle permettra de définir et de préciser quelque chose de l'aspect interne et spirituel de ces vicissitudes, dont la description ou la relation technique alpiniste ne représente que l'aspect externe et, dirions-nous presque, le caput mortuum.

***

Le concept de la divinité des montagnes se retrouve uniformément en Orient et en Occident, des traditions extrême-orientales à celles des Aztèques de l'Amérique précolombienne, de l'égyptien à l'aryen nordico-germanique, de l'hellénique à l'iranien et à l'hindou : sous la forme de mythes et de légendes sur la montagne des "dieux" ou sur la montagne des "héros", sur le sommet de ceux qui sont "ravis par l'extase", ou sur les lieux où se trouvent les forces mystérieuses de la "gloire" et de l'"immortalité". La base générale du symbolisme de la montagne est simple : puisque la terre est assimilée à tout ce qui est humain (comme, par exemple, dans les étymologies anciennes qui font référence à "l'homme issu de l'humus"), les culminations de la terre vers le ciel, transfigurées en neiges éternelles - les montagnes - doivent spontanément se présenter comme le matériau le plus approprié pour exprimer à travers des allégories les états de conscience transcendants, le dépassement intérieur ou les apparitions de modes d'être supra-normaux, souvent représentés figurativement comme des "dieux" et des divinités. Nous avons donc non seulement les montagnes comme "sièges symboliques" - notons-le - des "dieux", mais nous avons aussi des traditions, comme celles des anciens Aryens d'Iran et de Médie qui, selon Xénophon, ne connaissaient pas de temples pour leur divinité, mais précisément sur les sommets ; sur les sommets des montagnes, ils adoraient et sacrifiaient au Feu et au Dieu de la Lumière : voyant en eux un lieu plus digne, plus grandiose et analogiquement plus proche du divin que n'importe quel bâtiment ou temple construit par l'homme.

Pour les hindous, la montagne divine est, comme on le sait, l'Himalaya, nom qui signifie en sanskrit "le siège de la neige" ; le Meru y est, plus précisément, la montagne sacrée. Il y a deux points à retenir ici. Tout d'abord, le mont Meru est conçu comme le lieu où *Shiva*, imaginé comme le "grand ascète", a effectué ses méditations réalisatrices, après lesquelles il a terrassé Kama, l'Eros hindou, lorsqu'il a tenté d'ouvrir l'esprit à la passion. Dans ce sommet suprême du monde, encore vierge pour le pied humain, nous voyons donc comment, dans la tradition hindoue, coïncide la même idée d'ascèse absolue, de purification virile d'une nature déjà inaccessible à tout ce qui est passion et désir, et donc "stable" au sens transcendant. Ainsi, dans les mêmes formules védiques - très anciennes - de consécration des rois, nous voyons l'image de la "montagne" pour la solidité du pouvoir et de l'imperium que le roi assumera. D'autre part, dans le *Mahabbarata*, nous voyons Arjuna monter dans l'Himalaya pour réaliser son exaltation spirituelle, en s'entendant dire que "ce n'est que sur la haute montagne qu'il aurait pu atteindre la vision divine" ; de même que c'est vers le même Himalaya que l'empereur Yudhisthira se dirige pour consommer son apothéose et monter sur le "char" du "roi des dieux".

En second lieu, il convient de noter que l'expression sanskrite *paradesha* signifie région haute, région suprême et donc, dans un sens matériel spécifique, hauteur de montagne. Mais *Paradesha* se laisse étymologiquement assimiler au terme chaldéen pardés, d'où dérive le terme "paradis" qui passe, sous des formes théologiques, dans les croyances hébraïques-chrétiennes successives. Dans l'idée originelle aryenne de "paradis", nous trouvons donc une association intime avec le concept des "hauteurs", des sommets : une association qui, comme on le sait, se retrouve clairement plus tard dans la conception dorico-achéenne de l'"Olympe". Sur ce dernier point, il faut dire un mot des traditions helléniques concernant ceux qui sont "pris sur la montagne". On sait que les Hellènes - comme d'ailleurs presque tous les anciens Aryens - avaient une conception manifestement aristocratique du post-mortem. L'Adès était conçu comme le destin d'un petit nombre, de ceux qui ne s'étaient nullement élevés au-dessus de la vie commune, c'est-à-dire une existence résiduelle, larvaire, après la mort, privée de conscience véritable, dans le monde souterrain des ombres. L'immortalité, hormis celle des Olympiens, était le privilège des "héros", c'est-à-dire l'accomplissement exceptionnel de quelques êtres supérieurs. Cependant, dans les plus anciennes traditions helléniques, nous trouvons que l'immortalité des "héros" est spécifiquement déduite du symbole de leur ascension vers les montagnes et de leur "disparition" dans les montagnes. Le mystère des "hauteurs" revient donc car, d'autre part, dans cette même "disparition", il faut voir un symbole matériel d'une transfiguration spirituelle.

Disparaître, ou "devenir invisible", ou "être emporté dans les hauteurs", n'est pas à prendre au sens littéral, mais signifie essentiellement passer, virtuellement, du monde visible des corps particuliers à l'expérience humaine commune, au monde suprasensible dans lequel "il n'y a pas de mort".

Et cette tradition ne se retrouve pas seulement en Grèce. Dans le bouddhisme, on connaît le "Mont du Vate", où "disparaissent" les hommes ayant atteint l'éveil spirituel, appelés par Majjihimonikajo "plus que des hommes, des êtres invaincus et intacts, inaccessibles aux fringales, rachetés". Les traditions taoïstes extrême-orientales, originaires du mont Kuen-Lun, où des êtres légendaires "royaux" auraient trouvé le "breuvage d'immortalité" : c'est un peu ce que l'on retrouve dans les traditions de l'islam oriental concernant "l'enlèvement" sur la montagne, d'êtres qui ont rejoint l'initiation de pureté et qui ont été enlevés vers les sommets à leur mort. Les anciens Égyptiens parlaient d'une montagne (le Set Amentet) traversée par un chemin, le long duquel les êtres destinés à l'immortalité "solaire" atteignaient la "terre de triomphe" où - selon une inscription hiéroglyphique - "les chefs qui président au trône du grand dieu leur proclament la vie et la puissance éternelles". De l'autre côté de l'Atlantique, dans le Mexique précolombien, on retrouve, avec une singulière concordance, les mêmes Symboles : essentiellement sur la grande montagne de Culhuacan, ou "montagne courbe", parce que son sommet est incliné vers le bas, ce qui signifie que la hauteur était conçue comme un point "divin" qui, cependant, conservait des connexions avec les régions inférieures. Sur une montagne semblable, selon ces anciennes traditions américaines, certains empereurs aztèques auraient disparu sans laisser de traces. Or, comme on le sait, le même thème se retrouve dans les légendes de notre Moyen Âge occidental romano-germanique : certaines montagnes, comme le Kuffhauser ou l'Odenberg, sont les lieux où ont été "enlevés" certains rois qui auraient acquis une signification symbolique, comme Charlemagne, le roi Arthur, Frédéric Ier et II, qui ne seraient ainsi "jamais morts" et attendraient leur heure pour se manifester de manière visible. Dans le cycle de la légende du Graal se trouve également la "montagne" de Montsalvat, à laquelle on peut donner, selon Guénon, la signification de "Montagne de la Santé" ou de "Salut" ; le cri de guerre de la chevalerie médiévale était Mont-joie, et dans une légende à laquelle ne correspond naturellement aucune réalité historique, mais qui n'en est pas moins riche de significations spirituelles, le fait d'avoir traversé la "montagne" aurait constitué l'action précédant le couronnement "impérial", sacré et romain d'Arthur. Nous ne pouvons nous attarder ici sur l'aspect interne spécifique de ces derniers mythes symboliques, en particulier ceux qui concernent les rois "disparus" qui réapparaîtront, sujet que nous avons d'ailleurs traité ailleurs de façon exhaustive ; mais nous noterons, de façon générale, comment revient le thème de la montagne conçue comme le siège de l'immortalité et comment il revient aussi dans la tradition hellénique ancienne concernant les "héros".

Nous reviendrons sur deux points : sur la montagne comme siège du haoma et de la "gloire" et sur la montagne comme Walhalla.

Le terme iranien haoma, équivalent du sanskrit soma, exprime le "breuvage d'immortalité" mentionné ci-dessus. Dans ces anciennes doctrines aryennes, il y a, à cet égard, une association de divers concepts, en partie réels et en partie symboliques, en partie matériels et en partie susceptibles d'être traduits en termes d'expérience spirituelle réelle. Du soma, par exemple, les traditions hindoues parlent soit comme d'un "dieu", soit comme du suc d'une plante, capable de produire des effets particuliers d'exaltation, qui étaient pris en considération de manière spectaculaire par des rites de transfiguration intérieure capables de fournir un pressentiment et, pourrait-on presque dire, une présentation de ce que signifie l'immortalité. Ainsi, pour la même raison que le Bouddha n'arrive pas à mettre en parallèle l'état "qui n'est ni ici ni là, ni aller ni venir, mais l'illumination tranquille comme dans un océan infini" (nirvana) sur la haute montagne, nous lisons également dans la Yaçna que le mystérieux haoma croît sur la haute montagne. C'est-à-dire qu'une fois de plus, nous trouvons l'association de l'idée des hauteurs avec l'idée d'un enthousiasme capable de transfigurer, d'exalter, de guider vers ce qui n'est pas seulement humain, mortel et contingent. Ainsi, de l'Iran à la Grèce, à la première période dionysiaque, nous retrouvons le même thème, puisque, selon les témoignages les plus anciens, ceux qui, au cours des festivités, étaient saisis par la "fureur divine de Dionysos" étaient entraînés vers les sommets sauvages des montagnes thraces comme s'ils étaient possédés par une puissance étrange et irrésistible surgie des profondeurs de leur âme.

Mais il y a là quelque chose d'autre qui rectifie tout ce qui peut exister de décomposé et de pas complètement pur au niveau "dionysiaque" ; c'est le concept iranien exposé dans le Yasht concernant la montagne, "le puissant mont Ushi-darena" qui est, d'autre part, le siège de la "gloire".

Il faut savoir que dans la tradition iranienne, la "gloire" - hvarenó ou farr - n'était pas un concept abstrait : au contraire, elle était conçue comme une force réelle et presque physique, bien qu'invisible et d'origine "non-humaine", portée en général par la lumineuse race aryenne mais, éminemment, par les rois, les prêtres et les chefs de cette race. Un signe témoigne de la présence de la "gloire" : la victoire. On attribuait à la "gloire" une origine solaire, le soleil étant considéré comme le symbole d'une entité lumineuse, triomphant chaque matin des ténèbres. Transposant ces concepts sub especie interioritatis, la "gloire" - hvarenó - exprimait donc la propriété conquise par les races ou les natures dominantes, dans lesquelles la supériorité est puissance ("victoire") et la puissance est supériorité, "triomphalement", comme dans les êtres solaires et immortels du ciel. C'est ce que dit le Yasht, que dans la montagne non seulement la plante du haoma - des états "dionysiaques" - "pousse", mais que la montagne la plus haute, l'Ushi-darena, est le siège de la "gloire" aryenne. Nous arrivons au dernier point. La montagne comme Walhalla.

Le mot "Walhalla" (Walhöll) est un mot célèbre dans toutes les œuvres de Richard Wagner, dans lesquelles, cependant, en de nombreux endroits, les anciens concepts nordiques et scandinaves des Edas, dont Wagner s'inspire et qui sont susceptibles de significations plus profondes, sont déformés et "littéralisés".

Le Walhalla signifie littéralement "le palais des déchus", dont Odin est le roi et le chef. C'est le concept d'un lieu privilégié d'immortalité (ici, comme dans les traditions helléniques, pour les êtres ordinaires, il n'y a rien après la mort que l'existence sombre et médiocre dans le Niflheim, l'Ades nordique), réservé aux nobles et essentiellement aux héros tombés sur le champ de bataille. À l'image de l'adage selon lequel "le sang des héros est plus proche de Dieu que l'encre des sages et les prières des dévots", dans ces anciennes traditions, le culte et le sacrifice les plus agréables à la divinité ultime - Odin-Wotan ou Tiuz - et les plus féconds en fruits supra-mondains consistaient à mourir à la guerre. Les morts d'Odin étaient transformés en ses "fils" et immortalisés avec les rois déifiés au Walhalla, lieu souvent assimilé à Asgard, la cité des Asen, c'est-à-dire des natures divines lumineuses en lutte perpétuelle contre les Elementarwessen, les créatures obscures de la terre.

Cependant, les mêmes concepts de Walhalla et d'Asgard sont à l'origine présentés dans une relation immédiate - encore une fois - avec la montagne, dans la mesure où Walhalla apparaît comme le nom de pics suédois et scandinaves et sur d'anciennes montagnes, telles que Helgafell, Krosshòlar et Hlidskjalf, le siège des héros et des princes déifiés était conçu comme le siège des héros et des princes. Asgard apparaît souvent dans l'Edda sous le nom de Glitmirbjorg, la "montagne brillante" ou Himinbjorg, où l'idée d'une montagne et celle d'un ciel lumineux, d'une qualité céleste lumineuse, sont confondues. Le thème central d'Asgard reste donc celui d'une montagne imposante, dont le sommet glacé, au-dessus des nuages et des neiges, brille d'une clarté éternelle. Ainsi, la "montagne" en tant que Walhalla est également le lieu sur lequel le "Wildes Heer" éclate de manière tempétueuse et sur lequel il se repose à nouveau. Il s'agit d'un vieux concept folklorique nordique, exprimé sous la forme supérieure d'une armée commandée par Odin et composée des héros tombés au combat. Selon cette tradition, le sacrifice héroïque du sang (qui, dans nos traditions romaines, était appelé le mors triumphalis, et par lequel l'initié victorieux de la mort était assimilé à la figure des héros et des vainqueurs) sert également à augmenter d'une force nouvelle cette armée spirituelle irrésistible - le Wildes Heer - dont Odin, dieu des batailles, a besoin pour atteindre un but ultime et transcendant ; lutter contre le ragna rökkr, c'est-à-dire contre la fatalité de l'"obscurcissement" du divin, qui correspond au monde des âges lointains.

À travers ces traditions, unies dans leur sens intime et non dans leur forme mythologique extérieure, nous arrivons ainsi au concept le plus élevé du cycle des mythes sur la divinité de la montagne ; et nous prétendrons trouver personnellement, dans nos souvenirs nostalgiques de la guerre en haute montagne, presque un écho de cette lointaine réalité. Siège de l'aube, de l'héroïsme et, s'il le faut, de la mort héroïque transfiguratrice, lieu d'un "enthousiasme" qui tend vers des étapes transcendantes, d'une ascension nue et d'une force solaire triomphante opposée aux forces paralysantes qui obscurcissent et bestialisent la vie.... telle est donc la sensation symbolique de la montagne chez les anciens, qui résulte d'un ensemble de légendes et de mythes d'une grande uniformité de caractère, dont ceux qui viennent d'être cités ne sont que quelques-uns choisis dans une très longue liste.

Bien entendu, il ne s'agit pas de s'attarder sur des réévocations anachroniques... mais il ne s'agit pas non plus de rechercher curieusement une simple érudition historique. Derrière le mythe et derrière le symbole conditionné par le temps, il y a un "esprit", qui peut toujours revivre et s'exprimer efficacement dans de nouvelles formes et de nouvelles actions. C'est précisément ce qui importe. Que l'alpinisme ne soit pas une profanation de la montagne ; que ceux qui, obscurément poussés par un instinct de dépassement des limites qui nous étouffent dans la vie mécanisée, bourgeoise et intellectualisée de la "plaine", montent dans un courageux effort physique, dans une tension lucide et dans un contrôle lucide de leurs forces intérieures et extérieures, sur des rochers, des arêtes et des murs, dans l'imminence du ciel et de l'abîme, vers une clarté glacée.... que ceux qui, toujours plus nombreux, puissent aujourd'hui renouer et agir lumineusement selon ces sensations profondes qui demeurent dans les racines des anciennes divinisations mythologiques de la montagne : c'est le meilleur présage que l'on puisse donner à nos jeunes générations.

Pour une ontologie de la technologie

Maîtrise de la nature et nature de la maîtrise dans la pensée de Julius Evola

par Giovanni Monastra

"Diorama Letterario", n. 72, 1984.

En abordant un secteur particulier de la pensée de Julius Evola - la genèse et la signification de la technologie, surtout du point de vue des valeurs - on ne peut pas faire abstraction de la forme globale de son système doctrinal et de ses présupposés les plus profonds. En effet, Evola n'est pas seulement un savant organique et total, mais aussi un penseur dont les racines culturelles s'enracinent dans un ordre de valeurs, défini comme "traditionnel", totalement étranger aux valeurs hégémoniques actuelles. Evola se distingue nettement du philosophe "moderne", guidé uniquement par sa propre vision subjective du monde, soucieux d'être "original", d'affirmer des "choses nouvelles", mais il se réfère au contraire, comme base de ses réflexions et évaluations, à un noyau d'idées ou de principes sapientiels considérés comme intemporels et objectifs en raison de leur origine transcendante.

Naturellement, le kosmos traditionnel a été filtré par le savant italien en fonction de sa sensibilité particulière ("équation personnelle") ou de sa "nature propre", caractérisée par un homme orienté vers la conquête, vers l'action, sous la conduite d'une volonté lucide et ferme, une propension qui peut également s'exprimer sur le plan intellectuel. Evola élabore ainsi une conception énergisante et dynamique de la Tradition, animée et imprégnée par les symboles du Pouvoir métaphysique.

À certains égards, cette conception peut sembler différente, mais plus en apparence qu'en substance, de celle de René Guénon, Frithjof Schuon ou Ananda Coomaraswamy, savants caractérisés par un esprit sacerdotal, c'est-à-dire contemplatif ou spéculatif. Et c'est peut-être précisément cette version particulière et suggestive de la Tradition, proposée par notre auteur, qui a parfois détourné l'attention des lecteurs les plus superficiels (et parfois de mauvaise foi) de l'essence de la doctrine évolutionniste, d'ordre sapientiel, au profit d'aspects purement marginaux et extérieurs, dont le sens ne peut être compris qu'à l'intérieur de la "conception du monde" qui lui est propre. La tradition, selon la définition d'Evola, "est, dans son essence, quelque chose de métahistorique et, en même temps, de dynamique : c'est une force générale d'ordonnancement basée sur des principes qui a le chrisme d'une légitimité supérieure - si l'on veut, on peut aussi dire : de principes d'en haut - force qui agit à travers les générations, dans la continuité de l'esprit et de l'inspiration, à travers des institutions, des lois, des ordres qui peuvent présenter une variété et une diversité notoires".[28] La tradition est donc une réalité d'ordre spirituel, active et opérante dans le monde ("transcendance immanente"), et non une collection pédante d'usages et de coutumes dignes du simple fait qu'ils ont été adoptés dans le passé par des générations entières. Cette dernière, plutôt qu'une tradition au sens strict, n'est en réalité qu'une "démocratie des morts", selon l'heureuse définition de Chesterton.

Comme les idées de force, de pouvoir et de domination, entités toujours assumées dans leurs valences métaphysiques (en analogie avec le numen romain), sont centrales dans la pensée évolutionniste, nous suivrons cette perspective particulière dans notre étude. C'est précisément ce déplacement vers le haut, cette verticalisation de ces entités (force, pouvoir, domination) dans la

---

[28] J. Evola, *Gli uomini e le rovine*, Volpe, Roma 1972, p. 20.

dimension spirituelle, au-delà de toute banalisation matérialiste-autoritaire, qui est le plus évident dans le jugement sévère qu'Evola formule dès ses premiers livres, pendant la soi-disant "période philosophique", sur la technique, l'illusion de pouvoir de l'homme faustien et prométhéen. Dans Essais sur l'idéalisme magique (1925), nous trouvons l'affirmation suivante :

"Enfin, il nous reste à désillusionner ceux qui fantasment sur la réalisation d'un pouvoir quelconque par la maîtrise des forces de la nature, qui provient des applications des sciences physico-chimiques (c'est-à-dire de la technologie) [...] l'affirmation infinie de l'homme à travers une série indéterminée de mécanismes, de dispositifs techniques, etc. est [...] un tribut de servitude et d'obéissance".[29]

Grâce à la technologie, dont la base se trouve dans la science moderne, l'homme établit un "rapport extrinsèque, indirect et violent"[30] avec la nature, qui prend la forme d'une possession grossière de la réalité physique, puisque cette dernière est influencée de l'extérieur, alors que dans le monde traditionnel, l'homme opère " ;[31] de l'intérieur, au niveau de cette productivité métaphysique dont dépend le phénomène ou le physique", c'est-à-dire en agissant directement sur la racine subtile qui se trouve derrière et à l'intérieur de la réalité physique, symbole d'une réalité supérieure, métaphysique. La technique est donc une illusion de puissance, un mirage de l'homme solidifié dans son

---

[29] J. Evola, *Saggi sull'idealismo magico*, Atanor, Todi-Roma 1925, p. 55.

[30] J. Evola, *Impérialisme Païen*, Omnia Veritas Ltd.

[31] Sur ce sujet, voir, entre autres, les pages très lucides consacrées au tantrisme et à ses manières subtiles de maîtriser le monde, à son concept de pouvoir extérieur qui symbolise et manifeste le pouvoir intérieur (voir J. Evola, *Lo Yoga della potenza*, Mediterranee, Roma 1994, pgs. 31-37).

ego fermé : elle est involution, régression, faiblesse, si on l'observe du point de vue de la Tradition.

On peut également le lire dans la revue "La Torre" (1930, n. 9) :

"La machine [...] entretient, dans le cadre d'une illusion de puissance extérieure et mécanique, l'impuissance de l'homme ; matériellement elle multiplie à l'infini ses possibilités, mais en réalité elle l'habitue à renoncer à tout acte de sa part [...]. [32]La machine est immorale parce qu'elle peut rendre un individu puissant sans pour autant le rendre supérieur".

Nous touchons ainsi à un aspect essentiel de la pensée évolutionniste : le pouvoir doit être un attribut lié à une supériorité spirituelle intime et profonde. Le pouvoir sans la supériorité, qui en est la cause et la justification, équivaut à un pur titanisme, il devient une prévarication brutale, matérialiste et en même temps insensée, car il se retourne contre l'homme lui-même, en lui causant des dommages sur le plan spirituel.

Le mythe antique de Prométhée dérobant le feu à Zeus est à cet égard extrêmement éclairant. Le Grec Hésiode - nous rappelle Evola - caractérise cette habitude intérieure comme appartenant à un "esprit actif, inventif, rusé, qui veut tromper le *noûs* de Zeus, c'est-à-dire l'esprit olympien. Mais ce dernier ne peut être ni trompé ni ébranlé. Il est ferme et calme comme un miroir, il découvre tout sans chercher, car tout se découvre en lui.

---

[32] Magazine *La Torre*, rassemblé en un seul volume : Ed. Falco, Milan 1977, pg. 332.

[33] L'esprit titanesque est, au contraire, invention, même si ce n'est qu'un mensonge bien construit".

Tout ce qui est tordu et opaque, par opposition à l'essentialité et à la transparence olympienne, est caractéristique de l'esprit titanesque. La contrepartie de l'esprit titanesque est la bêtise, l'insouciance, la maladresse, la myopie intérieure, bref, pourrait-on dire, l'incapacité à voir loin.

Après l'acte sacrilège de Prométhée, il reste son frère, son alter ego, Épiméthée, qui représente la lignée des hommes et le symbole de la stupidité, comme contrepartie de la ruse, qui ne provoque que le rire des dieux, ce qu'Evola appelle "le rire des formes éternelles".[34] De même, la technologie, dans cette perspective, est une ruse idiote, une stupidité intelligente, qui ne sait pas se projeter dans l'avenir, comprendre les effets de ses propres actions dans le monde, sur la nature.

Mais quels sont les processus qui ont conduit l'homme à cette "conquête" ? Evola nous fournit ici une première version dans *Impérialisme Païen* (1928) : le germe qui, selon lui, déclenche la maladie techniciste est le judéo-christianisme.[35] À

---

[33] J. Evola, *L'arco e la clava*, Rome 1995, p. 91.

[34] Ibid, p. 93.

[35] M. Scheler, *Essenza e forme della simpatia* [Wesen und Formen der Sympathie], Rome 1980, p. 177. Selon l'auteur, la science moderne sélectionne les données auxquelles elle doit adhérer afin de construire une image symbolique de la nature qui la rende "gérable et contrôlable, mais cela oblige cette science à ignorer tous les aspects de la réalité physique à partir desquels devient transparent le "nœud de signification supramécanique et antimécanique" qui lie les phénomènes naturels dans leur appartenance à un tout (ibid...), p. 176).

cet égard, pour un cadrage historico-culturel de ce sujet, il semble opportun de rappeler qu'une telle affirmation a eu des partisans très autorisés, aussi bien avant qu'après Evola.[36] Par exemple, le philosophe juif allemand Max Scheler avait déjà écrit que l'idée de domination "violente" sur la nature dérive historiquement du judaïsme. En fait, le monde religieux de l'ancien Israël a tout d'abord désacralisé la nature, en niant l'aspect immanent de Dieu, avec toutes ses conséquences logiques, comme l'a observé le théologien chrétien Sergio Quinzio, qui identifie dans le judaïsme les bases culturelles de la modernité.[37] Pour éviter tout malentendu, il faut toutefois préciser que par le terme "technique", Evola entend l'ensemble des connaissances et des activités déterminées par la conception faustienne du monde, qui est donc très différente, comme l'avait déjà souligné Oswald Spengler, de la technique archaïque, qui respectait la nature, ne cherchait pas à la modifier et s'insérait au contraire dans ses rythmes.[38]

La technologie moderne exige un présupposé essentiel : la nature n'est plus "un grand corps animé et sacré, l'expression visible de l'invisible", mais un agglomérat sans vie d'objets matériels, une steppe désacralisée, presque un ennemi, que l'homme ne voit plus comme un lieu de "manifestations de

---

[36] Voir Sergio Quinzio, *Raíces hebraicas de lo moderno*, Milan 1990. Sur l'attitude de la tradition judéo-chrétienne à l'égard de la nature, voir également : Divers auteurs, Religions et écologie, Bologne 1995.

[37] O. Spengler, *Le déclin de l'Occident* [Der Untergang des Abendlandes], Milan 1970, p. 1405 et suivantes. Voir aussi l'ouvrage du même auteur, L homme *et la technique* [Der Mensch und die Technik].

[38] J. Evola, *La tradizione ermetica*, Rome 1996.

puissances élémentaires"[39] avec lesquelles interagir, selon les mots de J. Ortega y Gasset, mais comme une réalité en soi, indépendante du monde spirituel de celui qui la connaît (dualisme radical).

Le christianisme, dans son zèle polémique anti-païen, approfondissant une voie déjà ouverte par le judaïsme, a tué la nature, en a fait une chose morte de laquelle Dieu s'est retiré : "Le christianisme a déraciné l'esprit de ce monde".[40] La nature devient le royaume du péché et de la tentation, en opposition dualiste au monde de l'Esprit. Avec cette justification, la voie était toute tracée qui aurait conduit à la domination technique brutale de la Nature, dont les premiers pas, dirons-nous, ont été l'assimilation du vivant à la machine et de la Nature à un conglomérat aléatoire d'atomes, selon ce que le philosophe Démocrite, qui n'a d'ailleurs, à juste titre, jamais été écouté, avait déjà affirmé dans l'antiquité. Ce n'est donc pas un hasard si la technologie est née en Occident, où s'est établie la religion chrétienne, qui - comme on l'a déjà dit - a en commun avec la mentalité technico-scientifique le "présupposé dualiste". En

---

[39] J. Ortega y Gasset, *El espectador*, (trad. ital. Milan 1984, pg. 21). Le philosophe espagnol semble être en parfaite harmonie avec Evola : "Nous avons catalogué le monde : nous classons les animaux, Chaque casier est une science et nous y avons enfermé un tas d'éclats de la réalité que nous avons arrachée à l'immense matrice : la Nature, Et ainsi en petits tas, rassemblés par hasard, peut-être capricieusement, nous possédons les débris de la vie, Pour obtenir ce trésor sans âme, nous avons dû désarticuler la Nature originelle, nous avons dû la tuer, L'homme antique, par contre, avait devant lui le cosmos vivant, articulé et sans fissures. La classification principale qui divise le monde en choses matérielles et spirituelles n'existait pas pour lui. Partout où il regardait, il ne voyait que les manifestations des puissances élémentaires, torrents d'énergies spécifiques, créateurs et destructeurs de phénomènes".

[40] J. Evola, *Impérialisme Païen*, Omnia Veritas Ltd.

outre, la technologie étant "impersonnelle" et "transitive", c'est-à-dire adoptable par tous, elle a également besoin d'un présupposé égalitaire qui, selon Evola, remonte également au christianisme (le "bolchevisme de l'antiquité", comme l'avait appelé Spengler). Ainsi, la mentalité démocratique-égalitaire dans le domaine de la connaissance et l'obsession séparative qui a créé un clivage clair et arbitraire entre le Moi et le monde (solidifiant les deux pôles dans un Sujet et un Objet ontologiquement différents, voire opposés, et donc privés de toute relation intrinsèque), sont les causes du technicisme.[41]

Par la suite, dans Rébellion contre le monde moderne (1934), Evola reformule ses critiques sévères à l'égard du christianisme, tout en soulignant les effets néfastes de l'hypostatisation des "deux ordres, naturel et surnaturel" séparés par un hiatus profond, caractéristique de la doctrine chrétienne, redevable au dualisme hébraïque, agité et indiscipliné, toujours en conflit aigu entre l'"esprit" et la "chair".[42] Au contraire, à côté des responsabilités du christianisme, il met en évidence celles de l'humanisme et du "rationalisme", nés dans le monde grec "classique", d'où émanent des facteurs qui feront plus tard partie intégrante du technicisme (par exemple, la conception mécaniste du monde).

Mais au-delà de ces genèses historiques, il est vrai que la technologie est née en Occident aussi parce que, sous un certain aspect, elle renvoie à la nature des peuples occidentaux, qui ont toujours été animés par une "volonté d'infini", par une tension

---

[41] J. Evola, *Rivolta contro il mondo moderno*, Roma 1998, pg. 327, traduction française, *Révolte contre le monde moderne*, Omnia Veritas Ltd, www.omnia-veritas.com.

[42] Ibid, p. 297.

vers la domination, qui s'est exprimée aussi dans la conquête des colonies d'outre-mer.

Qu'est-ce qui a fait que cette tension, qui à l'époque romaine avait également maintenu un équilibre entre l'intériorité et l'extériorité, s'est déchargée sur le monde, y compris par le biais de la technologie ? Evola apporte sa propre réponse. "Lorsque le regard humain s'est détaché de la transcendance, l'insupportable volonté d'infini immanente à l'homme [occidental] devait se décharger sur l'extérieur et se traduire par une tension, par une impulsion irrépressible [...] dans le domaine immédiatement inférieur au domaine suprême de la pure spiritualité et de la contemplation, c'est-à-dire dans le domaine de l'action et de la volonté.[43] D'où la déviation activiste, d'où [...] l'éternelle insatisfaction faustienne".

Bien qu'écrit dans l'intention d'analyser principalement le phénomène de la suprématie coloniale blanche, le fragment cité ci-dessus est, à notre avis, également éclairant pour comprendre l'autre aspect de la genèse du technicisme. Le cadre est ainsi plus complet : à l'égalitarisme et au dualisme séparatif Moi-Monde, s'ajoute une contingence historique (ou une nécessité métahistorique ?) : la sécularisation et la laïcisation progressives de l'homme européen, à partir de la Renaissance, greffées sur sa nature particulière, dynamique et active.

Dans le même ordre d'idées, on pourrait également ajouter que la technique représente la solidification et la matérialisation des pratiques subtiles et magiques d'action directe sur la nature, typiques de toutes les sociétés traditionnelles, et que leur dévalorisation illégale est due à leur déformation et à leur mystification.

---

[43] Rivista "*Lo Stato*", juillet 1936, republié à Rome, 1995, p. 155.

La conception évolutionniste se distingue donc à la fois de toute utopie régressive, anti-techniciste et égalitariste rousseauiste, fondée sur le mythe des Lumières du "bon sauvage" et de "l'état de nature", réalités qui n'ont jamais existé, et des idéologies anti-égalitaires d'inspiration techniciste ou, en tout cas, positivement orientées vers la technologie en tant que telle.[44] Dans ce dernier cas, nous pensons aux théories d'Arnold Gehlen, selon lesquelles la technologie est un fruit de la nature humaine et en fait partie, tout comme les griffes et les cornes sont des expressions de la nature des animaux qui les possèdent. À cet égard, il serait extrêmement intéressant de développer un parallèle entre les conceptions de Gehlen et d'Evola, deux théoriciens unis dans la lutte contre l'égalitarisme et l'illuminisme, mais néanmoins très éloignés dans leurs fondements doctrinaux respectifs : le premier vitaliste, le second adepte de principes supranaturalistes et transcendants. De tout ce qui vient d'être dit, il pourrait sembler qu'Evola soit simplement placé dans le grand groupe des critiques de la technique moderne, de Sombart à Péguy, de Scheler à Ortega y Gasset, de Spengler à Berdiaev, représentants d'une pensée antimoderne, organiciste et aristocratique. Mais c'est une erreur. La particularité d'Evola a toujours été, en effet, d'observer les faits en profondeur pour en saisir les orientations inhabituelles, impensables parce que positives dans leur négativité générale. [45]Dans notre cas précis, un stimulus a certainement été le célèbre livre d'Ernst Jünger, Le Travailleur, paru en 1932. Mais il serait superficiel de croire qu'Evola a fait une banale transcription et une assimilation passive des thèmes jüngeriens dans sa propre pensée. Il serait plus juste de parler d'affinités et de complémentarités naturelles

---

[44] cf. A. Gehlen, L'Uomo [Der Mensch. Seine Natur und seine Stellung in der Welt], Milan 1983.

[45] cf. E. Jünger, L'Operaio [Der Arbeiter. Herrschaft und Gestalt], Milan 1984.

entre deux conceptions (à bien des égards encore ancrées dans les années 1930) ayant le même ordre de valeurs. En insérant certaines intuitions de Jünger dans la vision générale cyclique-involutionnaire de l'histoire humaine propre à la Tradition (l'époque actuelle serait l'âge des ténèbres, phase terminale de tout le cycle, dominée par le matérialisme et la subversion de tout ordre au sens supérieur), Evola constate que la technique présente un double visage : à côté de celle déjà examinée, en émerge une autre, également inquiétante, dissolvante pour l'homme-masse, mais utile comme stimulant et terrain d'expérimentation pour l'homme différencié qui, tout en vivant dans le monde moderne, ressent en lui les valeurs de la Tradition comme des entités encore opérantes et actives. Enfin, reprenant une idée jüngerienne, Evola observe que la technologie, en tant que dimension déjà autonome et globale, qui se révolte violemment contre le tissu même de la vie, peut développer une importante action destructrice sur la figure humaine typique de la société bourgeoise : l'individu-atome. L'individu-atome constitue un être profondément indifférencié, une unité numérique dissoute de tout lien organique avec la totalité, diversifié par rapport à ses semblables (la masse) uniquement par des facteurs externes, labiles, subjectivistes, étroitement liés aux non-valeurs du monde bourgeois.

Dans la conception évolutionniste de l'histoire, la technique devient ainsi un moyen d'atteindre, parfois et aussi activement, le point zéro des valeurs, la fin d'un monde, le monde bourgeois-prolétarien, placé dans la phase terminale, descendante, du cycle historique en cours. Nous verrons plus loin qu'à côté de cette action dissolvante, que l'on peut placer, selon la terminologie hindoue, sous le signe de Shiva, la technique peut en développer une autre, positive au sens "formatif".

Mais qu'est-ce qui provoque cette attaque destructrice de l'individu ? C'est un facteur révulsif, présent dans la technologie :

l'élémentaire.⁴⁶ Il signifie, dans ce contexte, "primitif", mais "désigne plutôt les puissances les plus profondes de la réalité, qui échappent aux structures intellectualistes et moralistes et qui se caractérisent par une transcendance, positive ou négative, par rapport à l'individu : tout comme lorsqu'on parle des forces élémentaires de la nature".⁴⁷ Le bourgeois, enfermé dans sa citadelle rationaliste, dans son intimité vide, sa petite âme tournée vers les petites choses, vers l'utile, le sûr, est terrifié par l'élémentaire et le tient à distance, "qu'il lui apparaisse sous forme de puissance et de passion, ou qu'il se manifeste dans les forces de la nature, dans le feu, dans l'eau, dans la terre, dans l'air"...

Cette réalité dérangeante a une double origine : interne et externe à l'âme humaine. Les bourgeois ont tenté de l'exorciser, de l'exclure, mais ils n'y sont pas parvenus. C'est ainsi qu'aujourd'hui l'élémentaire réapparaît dans toutes ses manifestations, parfois brutales, à travers la puissance excessive de la technique, née comme un instrument utile à l'homme et devenue un ennemi menaçant sa structure interne, non seulement physique, comme dans le cas de la guerre moderne, une guerre non plus d'hommes, mais de machines, une guerre technique, dans laquelle l'individu, en tant que tel, disparaît.

Mais tous ne sont pas également vulnérables : la technologie peut en effet être un banc d'essai pour ceux qui ne sont pas brisés, ceux qui conservent en eux un noyau de dureté ascétique, ne serait-ce qu'en puissance, de détachement du monde, mais qui ne lui appartiennent pas. ⁴⁸Ainsi, si beaucoup, sous la pression de l'élémentaire libéré par la civilisation des

---

⁴⁶ J. Evola, *L'Operaio nel pensiero di Ernst Jünger*, Rome 1998, p. 46.

⁴⁷ Ibid, p. 47.

⁴⁸ J. Evola, *Cavalcare la tigre*, Rome 1995, p. 102.

machines, sont intérieurement anéantis, désindividualisés vers le bas, c'est-à-dire vers la standardisation placée en dessous de l'individu, avec la création d'un "type humain vide et sériel [...] un produit multipliable insignifiant", pour d'autres "la désindividualisation peut néanmoins avoir un cours actif et positif".

Cette seconde possibilité, qui naît de la connivence entre la vie et le risque, qui découle d'un défi permanent avec l'élémentaire (en pratique : avec la machine, au sens le plus large du terme), peut se réaliser dans une nouvelle forme, la personne absolue, "caractérisée par deux éléments : d'abord par une lucidité et une objectivité extrêmes, ensuite par une capacité d'action et d'autonomie puisée dans des forces profondes, au-delà des catégories de l'individu, des idéaux, des valeurs et des finalités de la civilisation bourgeoise".[49]

Seul cet être transfiguré, y compris dans les traits sévères et impassibles de son visage, sera en mesure de maîtriser la technologie sans en être contaminé. Sa présence pourrait donner un nouveau cours à l'histoire, en donnant lieu à une véritable mutation de la civilisation. En outre, là où il semblait que devait régner une matérialité pure et opaque, surgissent de nouveaux symboles que l'homme différencié doit percevoir : en effet, la machine, vue avec des yeux nouveaux, représente l'expression de l'essentialisation vers laquelle nous devons tendre : pas de clinquant bourgeois, de superflu, d'arbitraire, de subjectivité, rien de "pittoresque" ou de "gracieux" (que l'on pense à une grande usine ou à une carrière navale), seulement une force élémentaire,

---

[49] Ibid.

l'expression d'une idée créatrice, d'une finalité précise, d'une activité froide et objective.[50]

"Sur son plan, il reflète donc d'une certaine manière la même valeur que la forme géométrique pure avait dans le monde classique".[51]

Cette jungle de symboles résurgents qui nous entoure (comme dans les gratte-ciel d'acier et de verre eux-mêmes), ce paysage faustien, qui peut être transfiguré par ceux qui ont les yeux pour voir, a la possibilité de développer une fonction efficace de stimulus vers la "simplification et l'essentialisation de l'être dans un monde spirituel qui se dissout", vers un nouveau réalisme actif, à côté des faux problèmes du Moi, des sentimentalismes, des humanitarismes et de tout l'héritage pébébyo-bourgeois. Il y a un risque d'effondrement vers l'intérieur, certes, de descendre en dessous et non au-dessus de l'individu : mais ce risque n'est-il pas lui-même la nourriture de ces figures apparues à l'horizon dans les orages d'acier ? Et d'autre part, "il n'y a rien, dans l'époque actuelle, qui ne soit risqué.[52] Pour ceux qui se tiennent debout, c'est peut-être le seul avantage qu'elle présente".

---

[50] Ibid, p. 104.

[51] Ibid, p. 106.

[52] Ibid, p. 23.

Polémique sur la métaphysique hindoue

Autres livres

OMNIA VERITAS LTD PRÉSENTE :

RENÉ GUÉNON
APERÇUS SUR L'ÉSOTÉRISME CHRÉTIEN

« Ce changement qui fit du Christianisme une religion au sens propre du mot et une forme traditionnelle... »

Les vérités d'ordre ésotérique, étaient hors de la portée du plus grand nombre...

OMNIA VERITAS LTD PRÉSENTE :

RENÉ GUÉNON
APERÇUS SUR L'ÉSOTÉRISME ISLAMIQUE ET LE TAOÏSME

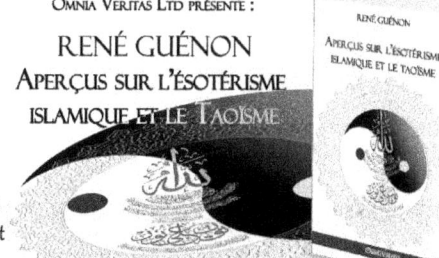

« Dans l'Islamisme, la tradition est d'essence double, religieuse et métaphysique »

On les compare souvent à l'« écorce » et au « noyau » (el-qishr wa el-lobb)

Omnia Veritas Ltd présente :

**RENÉ GUÉNON
APERÇUS
SUR
L'INITIATION**

«Nous nous étendons souvent sur les erreurs et les confusions qui sont commises au sujet de l'initiation...»

On se rend compte du degré de dégénérescence auquel en est arrivé l'Occident moderne...

OMNIA VERITAS LTD PRÉSENTE :

**RENÉ GUÉNON

ARTICLES
& COMPTES-RENDUS
NON REPRIS**

«... on voit une barque portée par le poisson, image du Christ soutenant son Église » ; or on sait que l'Arche a souvent été regardée comme une figure de l'Église... »

Le Vêda, qu'il faut entendre comme la Connaissance sacrée dans son intégralité

Omnia Veritas Ltd présente :

**RENÉ GUÉNON
AUTORITÉ SPIRITUELLE
ET POUVOIR TEMPOREL**

« la distinction des castes constitue, dans l'espèce humaine, une véritable classification naturelle à laquelle doit correspondre la répartition des fonctions sociales »

L'égalité n'existe nulle part en réalité

« On tient d'autant plus à ne voir que de l'« humain » dans les doctrines hindoues que cela faciliterait grandement les entreprises « annexionnistes » dont nous avons déjà parlé »

Il s'agit en fait de deux traditions, qui comme telles sont d'essence également surnaturelle

« ... ce terme de « réincarnation » ne s'est introduit dans les traductions de textes orientaux que depuis qu'il a été répandu par le spiritisme et le théosophisme... »

... la « réincarnation » a été imaginée par les Occidentaux modernes...

« ... l'état suprême n'est pas quelque chose à obtenir par une « effectuation » quelconque ; il s'agit uniquement de prendre conscience de ce qui est. »

... l'éloignement du Principe, nécessairement inhérent à tout processus de manifestation

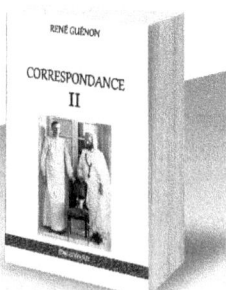

OMNIA VERITAS LTD PRÉSENTE :

RENÉ GUÉNON

CORRESPONDANCE
II

« ... Vous me demandez s'il y a quelque chose de changé depuis la publication de mes ouvrages ; certaines portes, du côté occidental, se sont fermées d'une façon définitive »

Quant à l'Islam politique, mieux vaut n'en pas parler, car ce n'est plus qu'un souvenir historique

OMNIA VERITAS LTD PRÉSENTE :

RENÉ GUÉNON

ÉTUDES SUR L'HINDOUISME

« En considérant la contemplation et l'action comme complémentaires, on se place à un point de vue déjà plus profond et plus vrai »

... la double activité, intérieure et extérieure, d'un seul et même être

Omnia Veritas Ltd présente :

RENÉ GUÉNON

ÉTUDES SUR LA
FRANC-MAÇONNERIE
ET LE COMPAGNONNAGE

«Parmi les symboles usités au moyen âge, outre ceux dont les Maçons modernes ont conservé le souvenir tout en n'en comprenant plus guère la signification, il y en a bien d'autres dont ils n'ont pas la moindre idée.»

la distinction entre « Maçonnerie opérative » et « Maçonnerie spéculative »

OMNIA VERITAS LTD PRÉSENTE :

RENÉ GUÉNON

FORMES TRADITIONNELLES & CYCLES COSMIQUES

« Les articles réunis dans le présent recueil représentent l'aspect le plus original de l'œuvre de René Guénon »

Fragments d'une histoire inconnue

Omnia Veritas Ltd présente :

RENÉ GUÉNON
INITIATION ET RÉALISATION SPIRITUELLE

« Sottise et ignorance peuvent en somme être réunies sous le nom commun d'incompréhension »

Le peuple est comme un « réservoir » d'où tout peut être tiré, le meilleur comme le pire

OMNIA VERITAS LTD PRÉSENTE :

RENÉ GUÉNON

INTRODUCTION GÉNÉRALE À L'ÉTUDE DES DOCTRINES HINDOUES

« Bien des difficultés s'opposent, en Occident, à une étude sérieuse et approfondie des doctrines hindoues »

... ce dernier élément qu'aucune érudition ne permettra jamais de pénétrer

«On veut trouver dans tout ternaire traditionnel, quel qu'il soit, un équivalent plus ou moins exact de la Trinité chrétienne»

Il s'agit bien évidemment d'un ensemble de trois aspects divins

« La métaphysique pure étant par essence en dehors et au-delà de toutes les formes »

et de toutes les contingences, n'est ni orientale ni occidentale, elle est universelle.

«Il semble d'ailleurs que nous approchions du dénouement, et c'est ce qui rend plus sensible aujourd'hui que jamais le caractère anormal de cet état de choses qui dure depuis quelques siècles»

Une transformation plus ou moins profonde est imminente

«On veut trouver dans tout ternaire traditionnel, quel qu'il soit, un équivalent plus ou moins exact de la Trinité chrétienne»

Il s'agit bien évidemment d'un ensemble de trois aspects divins

« Car tout ce qui existe en quelque façon que ce soit, même l'erreur, a nécessairement sa raison d'être »

... et le désordre lui-même doit finalement trouver sa place parmi les éléments de l'ordre universel

« Un principe, l'Intelligence cosmique qui réfléchit la Lumière spirituelle pure et formule la Loi »

Le Législateur primordial et universel

Julius Evola & René Guénon

« Il y a, à notre époque, bien des « contrevérités », qu'il est bon de combattre... »

Omnia Veritas Ltd présente :

**RENÉ GUÉNON
L'ERREUR SPIRITE**

Parmi toutes les doctrines « néo-spiritualistes », le spiritisme est certainement la plus répandue

«L'Infini est, suivant la signification étymologique du terme qui le désigne, ce qui n'a pas de limites»

Omnia Veritas Ltd présente :

**RENÉ GUÉNON

LES ÉTATS MULTIPLES DE L'ÊTRE**

La notion de l'Infini métaphysique dans ses rapports avec la Possibilité universelle

«La difficulté commence seulement lorsqu'il s'agit de déterminer ces différentes significations, surtout les plus élevées ou les plus profondes...»

Omnia Veritas Ltd présente :

**RENÉ GUÉNON

L'ÉSOTÉRISME DE DANTE**

La Divine Comédie, dans son ensemble, peut s'interpréter en plusieurs sens

Polémique sur la métaphysique hindoue

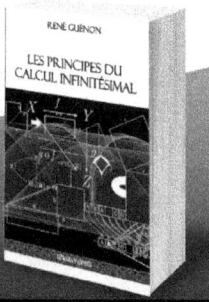

OMNIA VERITAS

Omnia Veritas Ltd présente :

RENÉ GUÉNON

LES PRINCIPES DU CALCUL INFINITÉSIMAL

«... il nous a paru utile d'entreprendre la présente étude pour préciser et expliquer plus complètement certaines notions du symbolisme mathématique... »

un exemple frappant de cette absence de principes qui caractérise les sciences profanes...

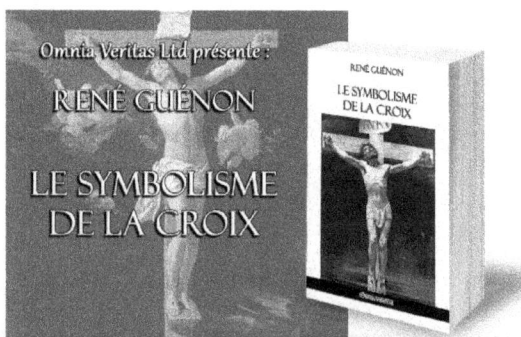

OMNIA VERITAS

Omnia Veritas Ltd présente :

RENÉ GUÉNON

LE SYMBOLISME DE LA CROIX

«La considération d'un être sous son aspect individuel est nécessairement insuffisante»

... puisque qui dit métaphysique dit universel

OMNIA VERITAS

Omnia Veritas Ltd présente :

RENÉ GUÉNON

LE THÉOSOPHISME
HISTOIRE D'UNE PSEUDO-RELIGION

« Notre but, disait alors Mme Blavatsky, n'est pas de restaurer l'Hindouïsme, mais de balayer le Christianisme de la surface de la terre »

Le vocable de théosophie servait de dénomination commune à des doctrines assez diverses

«Quand nous considérons ce qu'est la philosophie dans les temps modernes, son absence dans une civilisation n'a rien de particulièrement regrettable.»

Le Vêdânta n'est ni une philosophie, ni une religion

Omnia Veritas Ltd présente :

RENÉ GUÉNON
Orient & Occident

«La civilisation occidentale moderne apparaît dans l'histoire comme une véritable anomalie...»

... cette civilisation est la seule qui se soit développée dans un sens purement matériel

Omnia Veritas Ltd présente :

RENÉ GUÉNON

Écrits sous la signature de **PALINGÉNIUS**

«... Il est un certain nombre de problèmes qui ont constamment préoccupé les hommes, mais il n'en est peut-être pas qui ait semblé généralement plus difficile à résoudre que celui de l'origine du Mal... »

Comment donc Dieu, s'il est parfait, a-t-il pu créer des êtres imparfaits ?

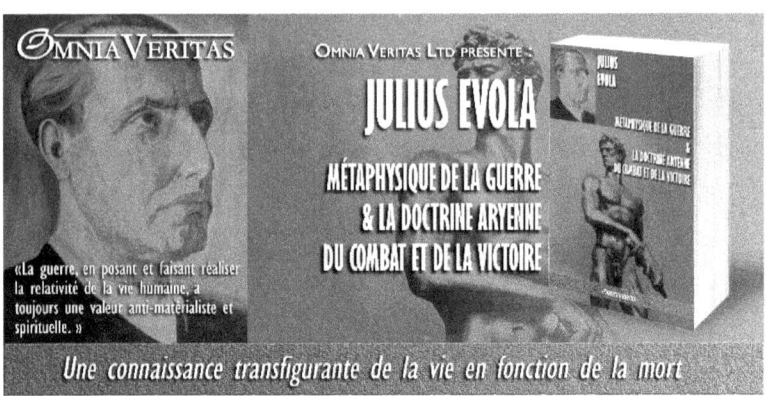

Polémique sur la métaphysique hindoue

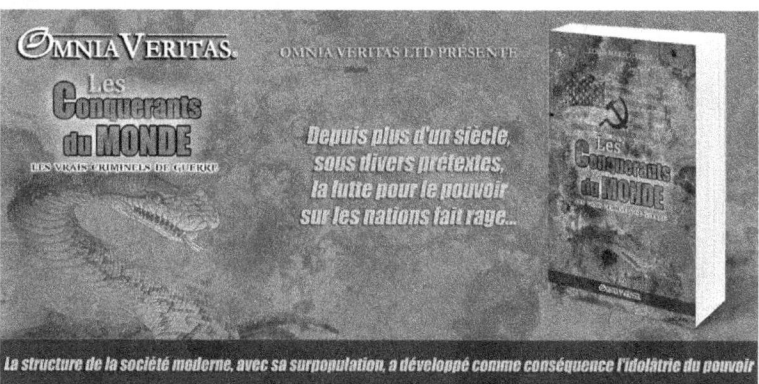